KB127632

2030 부의 지도

2030 부의 지도
야, 너두 부자될 수 있어

우종국 지음

북카라반
CARAVAN

차 례

2장

투자 - 주식과 펀드

3장
부동산 – 내 집 마련하기

4 장

보험 – 연금과 노후 대비

5 장

잡테크 - 직장 생활의 기술

6 장

차테크 - 참을 수 없는 유혹

야, 너두 부자될 수 있어

재테크 면허

The Show Must Go On(쇼는 계속되어야 한다). 대학교 1학년 때 영어 교재 첫 장에 나온 말이다. 스무 살 신입생에게 이 말은 크게 와 닿지 않았지만, 세월이 흐를수록 의미심장해진다. 시험에 낙방해도, 사업이 실패해도, 마음의 상처를 받아도, 어쨌든 우리는 좌절을 딛고 앞으로 나아가야 하는 것이다.

재테크가 어울리지 않는 시대다. 예금 금리는 1퍼센트도 되지 않고, 집값은 너무 올라 부동산 투자는 엄두도 못 내고, 남들은 주식으로 돈을 벌었다는데 나에게는 막막한 얘기다.

하지만 재테크는 올림픽이 아니다. 경쟁을 통해 누군가를 이기고 금메달을 따는 것이 목표가 아니다. 오히려 운전에 가깝다. 세계 최고의 자동차 경주인 F1 그랑프리 대회에서 메달을 따지 못하면 운전을 배우는 의미가 없는 것일까. 운전을 할 수 있으면 친구들과 갑자기 바다를 보러 갈 수도 있고, 대중교통이 닿지 않은 곳을 자유롭게 여행할 수도 있다. 재테크도 비슷하다. 남들보다 부자가 되기 위한 목적보다는, 삶을 윤택하게 하는 수단이 될 수 있다.

흔히 '나는 재테크할 돈도 없는데, 재테크를 알아야 할까'라고 생각한다. 운전면허 학원에 처음 등록했을 때를 생각해보자. 당장 차를 몰 것도 아닌데, 왜 운전면허를 따려 했을까? 보통 학생 때나 취업 전에 운전면허를 따두고 나중에 취업해 돈을 벌어 차를 산다. 한창 일할 때 운전면허를 따려면 시간이 빠듯하다.

재테크도 비슷하다. 돈이 생기면 재테크 기술이 자동으로 생기는 것이 아니라, 미리 재테크 면허를 따두면 실전에서 써먹을 일이 올 것이다. 물론 재테크 면허는 어디서 발급해주지 않는다.

재테크 고지

누구나 부자가 되고 싶어 한다. 금수저가 아닌 일반인이 부자가 되기 위해 해야 하는 과정을 흔히 '재테크'라고 부른다. 하지만 막상 재테크를 하려니 막막함이 다가온다. 지금 열심히 저축하는데, 이 방법이 맞는 걸까? 남들은 주식으로 돈을 벌었다는데, 내가 시대에 뒤처진 것은 아닐까? 누구는 집을 샀다는데, 부동산에 관심을 갖지 않은 내가 이상한 걸까?

재테크를 어떻게 하면 좋을까 싶어 책을 사 보고 강연을 듣지만 막상 손에 와 닿지 않는다. 재테크는 왜 어렵게 느껴지고, 또 왜 쉽게 성공하지 못할까? 그 이유는 재테크가 쉽지 않은 것이기 때문이다. 원인을 꼽아보면 다음과 같다.

첫째, 재테크가 쉬웠다면 누구나 부자가 되었을 것이다. 그런데 부자는 상대적이다. 국민 모두의 자산이 늘어 모두가 부자가 된 것처럼 느껴도, 부자라고 불리는 사람은 늘 상위 10퍼센트다. 어느 해 수능시험이 쉽게 출제돼 평균 점수가 100점 상승했더라도 상위권 대학은 여전히 상위 5퍼센트 이내 학생들만 간다.

스스로 재테크를 잘했다고 생각하면서도 부족함이 느껴지는 이유는 늘 새로운 목표가 나타나기 때문이다. 고등학교 때 전교 300명 중 10등을 한 학생이 있다면, 그는 290명의 부러움을 받겠지만 스스로는 불만족할 것이다. 그는 자신보다 성적이 좋은 9명을 보기 때문이다.

아래보다 위를 바라보는 것은 본능이다. 1000미터 높이의 산을 오르기 시작해 990미터에 이르면 남은 10미터를 오르는 데 몰두하지, 아래를 굽어보며 '이만큼 올라왔으니 만족스럽다'고 생각하진 않을 것이다. 1000미터 고지를 정복한 후에야 아래를 내려다보며 스스로 뿌듯함을 느낄 것이다.

'재테크는 정상이란 게 없지 않은가'라고 질문할 수 있다. 1000미터 고지에 오른 사람은 다시 2000미터 고지에 오를 계획을 세운다. 자신이 감내할 만한 목표를 세우고 하나씩 정복하는 것이 공부 또는 재테크의 방식이다. 등산을 한 번도 하지 않은 사람이 처음부터 에베레스트 등반에 도전하지는 않을 것이다. 동네 앞의 낮은 산부터 산책하듯 올라가 작게나마 성취감을 느낀 뒤 조금씩 높은 산에 도전한다.

높은 산에 도전하기 시작하면 마음가짐과 장비가 달라진다. 동네 뒷산은 청바지에 운동화를 신고 가볍게 오를 수 있지만 1000미터가 넘는 산을 오를 때는 튼튼한 등산화와 신축성이 좋은 등산복, 비상식량, 물 등이 담긴 등산 배낭과 악천후를 대비한 비옷, 아이젠 등이 필요하다.

재테크도 비슷하다. 아끼고 저축해 종잣돈을 만들면 낮은 봉우리를 정복한 것이다. 그런 경험과 노하우를 기반으로 투자의 범위를 넓혀 나가는 것이다. 재테크를 처음 하겠다면서 파생 상품에 투자하는 것은 슬리퍼를 신고 지리산에 오르는 것과 마찬가지다. 슬리퍼를 신고 지리산 천왕봉(1915미터)을 오르는 고등학생들을 보기는 했다. 그 시기에는 에너지가 넘치니 한두 번은 그런 식으로 등산할 수 있겠지만, 본격적으로 전국의 산을 다니려면 만반의 준비를 해야 한다.

재테크가 어려운 둘째 이유는, 국내에서 재테크라는 개념이 2000~2008년 거품 경제 시절에 전성기를 맞았기 때문이다. 전 세계적으로 화폐 유동성이 넘쳐나 금리, 주가, 부동산 가격이 상승세이고, 누가 언제 투자를 시작해도 실패가 거의 없던 시절이다.

2000년을 시작점으로 본 것은, 로버트 기요사키가 1998년에 출간한 베스트셀러 『부자 아빠 가난한 아빠』의 번역본이 2000년에 국내에서 발간되었고, 이듬해인 2001년에 한국이 국제통화기금IMF

에서 빌린 구제금을 모두 갚으며 불황에서 벗어났기 때문이다.

한때 '펀드'의 대명사로 통하던 미래에셋자산운용이 창립된 해가 1997년이다. 저축이라곤 예금밖에 몰랐던 한국인에게 펀드라는 투자 상품을 알리면서 미래에셋이 유명해졌는데, 창업 이후 10년 동안 놀라운 투자 수익률을 거두었다. 창업하자마자 IMF 구제 금융을 맞아 자산 가격이 바닥인 상황에서 시작했으니 경기가 회복되면서 가파른 성장을 한 것은 당연하다.

지금의 40대 이상이 '좋았던 한때'로 기억하는 2000년대 거품 경제 시절은 영원하지 않았다. 2007년부터 불거진 미국의 '서브프라임 모기지' 사태로 주식과 펀드가 죽을 쑤기 시작했다. 이 무렵 '인디펜던스 펀드', '디스커버리 펀드' 같은 미래에셋 주력 펀드 상품의 누적 수익률이 700퍼센트를 넘었다는 신문광고를 기억한다. 인기에 힘입어 미래에셋은 야심차게 중국 자산이 절반을 넘는 '인사이트 펀드'를 출시하고 단기간에 4조 원의 투자금을 모았다. 그러나 몇 달 되지 않은 2008년 9월 14일(한국 시간으로는 9월 15일) 미국의 대표적인 투자은행 리먼 브라더스가 파산하면서 금융권 몰락의 도미노가 시작됐다.

'리먼 사태' 이후 10여 년이 넘은 지금 재테크 환경은 거품 경제 시절과는 딴판이다. 예금 금리는 0퍼센트 대에 머물러 있다. 한국의 대표 지수인 코스피KOSPI는 2007년 사상 처음 2000을 돌파한 뒤 10년 넘게 2000대에 머무르다가 2021년이 되어서야 3000을 넘어섰다. 2020년 3월에는 코로나19 사태로 1500선 아래로 내려가기도 했는데, 아이러니하게도 당시 주식을 산 사람은 수개월 뒤 큰 수익을 거뒀다.

2000년대 초중반 거품 경제 시절에는 금리가 높았고 투자 수익률도 높았다. 부동산 가격도 IMF라는 조정기를 거친 데다, 시중 유동 자금이 주식과 펀드로 몰리며 부동산 가격 상승률이 상대적으로 낮았다. 기업 실적도 좋고, 사회적으로 돈이 넘치던 시기라 자영업도 잘 되었다. 넘치는 화폐 유동성으로 사회 전체가 흥청망청할 때였다. '피로 사회'라는 말이 돌 정도로 삶이 과로하기도 했지만, 열심히 한 만큼 보상이 주어졌다. 재테크에 적합한 시기였다.

지금은 상황이 반대다. 금리는 바닥을 기고 투자 수익률은 신통치 않고 주택 가격은 천정부지로 올랐다. 기업 실적도 좋지 않아 실업자도 많다. 열심히 일해서 저축하고 그 돈으로 투자를 하고 집을 사기가 불가능해 보이는 최악의 시기다.

재테크 빌드 업

같은 대학교 같은 과 1년 후배가 나의 사무실 가까운 곳으로 이직했다. 하이틴 여자를 대상으로 하는 패션지에서 오래 일한 남자 기자다. 인터넷과 모바일의 발달로 틴에이저 잡지들이 순차적으로 폐간되면서 후배는 어느 순간 온라인 마케팅 전문가로 변신하는가 싶더니, 금융 스타트업(신생 벤처 기업)에서 재테크 관련 콘텐츠를 제작하는 책임자가 되었다.

40대로서 재테크에 관심이 많기도 하거니와 업무적으로도 경제를 다룬다는 공통점 때문인지 나는 후배와 가끔 점심을 함께했다. 대화는 자연스레 재테크로 흘렀다. 후배는 얼마 전 서울에서 주택 청약을 통해 아파트를 분양받았다. 40대 기혼자치고는 조금 늦은 편이었다. 지금의 40대가 한창 결혼하던 시기인 2000년대 중반에서 2010년대 중반에는 결혼하면서 주택 담보 대출을 통해 2억 원대이던 서울 시내 20평대 아파트를 장만하던 것이 보통이었다.

후배의 아내는 국민 모두가 사용하는 메신저 애플리케이션(앱)을 만든 회사에 다니다 스타트업을 창업했다. 이 정도 수준의 부부라면 일찌감치 집을 샀을 법하지만, 이들은 둘 다 부동산에 관심이 없었다. '서울 집값은 너무 비싸'라고 막연히 생각할 뿐이었다. 그런데 후배가 금융 관련 콘텐츠를 만드는 업무를 맡으면서 부동산에 관심이 생겼고 비로소 집 살 생각을 하게 됐다.

나는 서른다섯 살이던 2009년에 아파트를 샀는데, 그 이유는 경제경영 전문 주간지에서 일하면서 '집도 안 사 보고 부동산 투자 가이드를 쓰는 게 말이 되나'라는 양심의 가책 때문이었다. '집을 사는 게 어떤 기분일까'라는 호기심도 한몫했다.

거품 경제가 지속됐다면 집을 살 엄두를 못 냈겠지만, 2008년 리먼 사태 이후 2009년 초에는 부동산 가격이 30퍼센트 가까이 하락했기 때문에 '지금이 집 살 적기'라고 생각했다. 『부동산 대폭락 시대가 온다』는 책이 베스트셀러가 되던 때라, 집값이 더 떨어질까 싶어 집 사기를 주저하던 시기였다. 경제 관련 매체에서 기자로 일하던 나는 집값이 하락하고 바닥을 친 2009년이 집 사기 좋은 타이밍이라고 판단했다.

동원할 수 있는 자금을 합해 보니 1억 3000만 원의 전세를 끼고 2억 7000만 원짜리 아파트를 살 정도가 되었다. 현금 1억 4000만 원만 있으면 되었다. 어머니 수중의 6000만 원을 빌리긴 했다. 집이란 물건은 '있는 돈, 없는 돈' 탈탈 털고 필요하면 대출까지 동원해야 살 수 있는 것이다. 부동산 투자에서 종종 나오는 말 중에 '영끌'이 있는데, '영혼까지 끌어 모아' 투자를 해야 한다는 뜻이다. 소시민에게도 인생에 단 한 번 무리해야 하는 때가 집 살 때다.

나와 후배는 집을 산 시기가 다르지만 집을 산 계기에는 공통점이 있다. 관심을 갖고 꾸준히 시장 상황을 보고 있었기 때문에 집을 사야겠다는 결심을 했다는 것이다. 돈이 많든 적든 관심이 있으면 최소 여력이 생겼을 때 행동으로 옮길 수 있다. 관심이 없으면 여력이 됨에도 선뜻 행동으로 옮기지 못한다.

'집을 꼭 사야 하는가'라는 질문에 대해선 차차 얘기할 것이다. 집을 사든 사지 않든 중요한 것은 관심을 갖는 것이다. 2030 중에는 당장 재테크의 필요성을 체감하지 못하는 사람도 있을 듯하다. 그러나 앞으로 결혼을 하고 아이를 낳는다고 상상해보자. 경제관념 없이 가정을 이끌어갈 수는 없다.

1인 가구라도 재테크에 대한 관심은 필요하다. 재테크는 둘이 하는 것보다 혼자 하는 것이 두 배로 힘들다. 싱글이 3000만 원짜리 쏘나타를 살 때 커플은 쏘나타 살 돈을 합쳐 6000만 원짜리 벤츠를 산다. 육아와 양가 가족까지 챙겨야 하는 커플의 스트레스가 싱글의 두 배지만, 삶의 수준은 다를 수 있다.

겉으로 보이는 것보다 중요한 것은, 두 명이 경제 활동을 하면 둘 중 한 명이 갑작스레 수입이 없어지더라도 다른 한 명이 기댈 수 있는 버팀목이 되므로 소득 리스크가 작다는 점이다. 반대로 1인 가구라면 한 명의 소득이 사라지는 순간 경제적 위험에 빠질 수 있다.

통장, 자동차, 아파트 같은 물질적인 가치가 인생의 목표가 된다면 슬픈 일이다. 그러나 돈은 인생의 목표를 이루기 위해서 해결해야 하는 선결 과제다. 돈이 없으면 돈 걱정만 하게 되고, 돈이 있으면 물질적인 걱정을 벗어나 다른 일에 몰두할 수 있다.

이 책은 2030 세대를 위한 재테크 기술과 부의 지도를 담았다. '금리 – 저축과 대출', '투자 – 주식과 펀드', '부동산 – 내 집 마련하기', '보험 – 연금과 노후 대비', '잡테크 – 직장 생활의 기술', '차테크 – 참을 수 없는 유혹' 등 실생활과 밀접한 주제를 망라했다. 모쪼록 이 책이 독자들의 삶을 윤택하게 해주는 데에 일조하기를 바란다.

2022년 4월 우종국.

여 는 글 ─

계란을
한 바구니에
담지 마라

포트폴리오:
마음속에 명품 가방 하나쯤 마련하자

안전한 예금이 좋을까, 수익률이 높은 주식 투자가 좋을까, 무리해서 부동산에 투자할까. 재테크에는 정답이 없다. 교과서처럼 정해진 커리큘럼이 있고, 예습·복습만 잘해도 평균 이상은 되는 식이라면 얼마나 좋을까.

재테크에 정답은 없지만, 하지 말아야 할 것은 있다. 전 재산을 하나의 투자 대상에 '몰빵' 하지 말아야 한다는 점이다. '계란을 한 바구니에 담지 말라'는 말이 있다. 여기서 계란은 종잣돈, 영어로 시드머니 seed money를 말한다. 바구니는 투자 대상을 말한다. 시드머니를 주식이나 예금 혹은 부동산이라는 하나의 바구니에 담지 말라는 뜻이다.

주식에만 집중 투자하면 위험하다는 건 알겠는데, 예금이나 부동산은 괜찮지 않은가라고 의문을 가질 수 있다. 물론 주식은 원금이 마이너스가 되는 리스크가 있으므로 조심스럽게 접근해야 하는 게 맞다. 반면 예금이나 부동산은 안전한 자산이니 '몰빵' 해도 괜찮지 않을까? 리스크 측면에선 예금과 부동산이 주식보다 안전하다. 그러나 요즘 같은 저금리 시대에 예금은 수익률이 너무 낮다. 아무것도 하지 않았는데, '벼락거지'가 됐다는 말이 있다. 열심히 일하고 저축도 열심히 했는데, 왠지 더 가난해지는 기분이다.

부동산 자산은 투자 실행과 회수에 긴 시간이 걸린다. 물론 실수요를 위한 집은 무리해서라도 빨리 사는 것이 좋지만, 1주택자가 된 이후 추가로 부동산에 투자할 때는 리스크를 따져야 한다.

'몰빵 아닌 재테크'의 좋은 사례가 국민연금 기금의 투자 포트폴리오portfolio다. 국민연금이야말로 전 국민의 노후를 위해 어마어마한 금액을 운용하는데, 하나의 투자 대상에만 집중 투자를 할 수가 없다. 국민연금 기금(연기금)의 투자 대상과 비율을 보자.

국민 개개인이 납부한 국민연금이 모인 덩어리를 연기금이라고 한다. 연기금은 자산 중 안전성이 가장 높은 채권에 43.1퍼센트(국내+해외)의 비중을 두고 있다. 은행의 정기예금이 더 안전하지 않은가라고 생각할 수 있는데, 908조 원 규모의 금액을 감당할 은행이 많지 않다.

은행은 예금으로 들어온 돈으로 대출을 하고, 대출금과 예금의 금리 차인 '예대 마진'을 주 수익으로 삼는다. 채권 거래는 예금과 성격이 비슷하지만 은행이라는 중간 매개체가 없다. 채권은 자금을 가

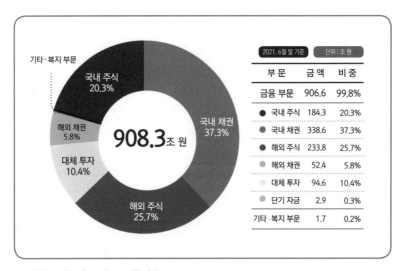

국민연금 기금의 투자 포트폴리오
기금은 금융 부문, 복지 부문 및 기타 부문으로 나누어 운용되며, 금융 부문은 국내 주식, 해외 주식, 국내 채권, 해외 채권, 대체 투자 및 기타 금융 상품으로 나누어 운용되고 있다.

진 투자자와 자금이 필요한 기업이 은행을 통하지 않고 직거래하는 상품이다. 망할 염려가 없는 국공채나 망할 염려가 적은 대기업 채권에 투자하면서 은행 이자보다 높은 금리의 수익률을 올릴 수 있다.

여기서 말하려는 바는, 연기금이 채권과 같은 안전 자산에 절반 가량을 투자한다는 것이다. 개인이라면 은행 예금으로 포트폴리오의 절반을 채우는 것과 동일하다. '포트폴리오'라는 용어는 서류 가방에서 연유한 말이다. 계약서를 달랑 한 장만 넣으려고 가방을 들고 다니진 않을 테니, 서류 가방을 든다는 건 그 안에 많은 계약서가 들어 있다는 뜻이다. 포트폴리오를 구성하라는 말은 자산을 여러 투자 대상에 배분하라는 뜻이다.

연기금 가운데 채권 다음으로 많은 비중을 차지하는 투자 대상
은 주식으로, 46퍼센트(국내+해외)에 달한다. 10년 전만 해도 연기금
의 주식 비중은 30퍼센트 안팎이었는데, 수익률을 높이기 위해 국민
연금은 주식 비중을 꾸준히 늘리는 중이다. 국민연금의 '2025년 목
표 포트폴리오'에 따르면 채권 비중은 35퍼센트 내외이고, 주식 비중
은 50퍼센트 내외이며, 나머지는 대체 투자로 15퍼센트 내외다. 기금
고갈 우려로 수익률을 높여야 하는 과제를 지닌 국민연금으로서는 주
식 비중을 높일 수밖에 없지만, 국민의 노후자금을 리스크가 높은 상
품에 많이 투자한다는 비판도 있다.

　　한편 연기금 투자에서 국내와 해외의 비중을 보면 채권과 주식
이 각기 다른 양상이다. 국내 채권 비중은 37.3퍼센트로 해외 채권
5.8퍼센트에 비해 6.4배 많다. 반면 국내 주식은 20.3퍼센트로 해외
주식 25.7퍼센트보다 비중이 낮다. 채권은 국내 비중이 압도적으로
높은데, 주식은 해외 비중이 더 높다. 그 이유는 연기금이 국내 주식을
사는 데 제한이 있기 때문이다.

　　법적으로 연기금은 국내 특정 기업의 지분을 10퍼센트 넘게 매
수하지 못한다. 908조 원이 넘는 자금이면 웬만한 기업의 주식을 통
째로 살 수 있는 규모다. 연기금이 특정 기업의 주식을 50퍼센트 이상
사버리면 그 기업의 지배 주주는 보건복지부 소속의 국민연금공단,
즉 정부가 되어버린다. 그러면 공기업과 다름이 없다. 연기금은 당분
간 계속 불어날 예정인데, 들어오는 족족 국내 주식을 사버리면 어느
새 국내 기업 대부분은 공기업이 될 수밖에 없다. 따라서 어느 시점부

터는 해외 주식만을 매입할 수밖에 없다.

　'채권과 주식을 제외'한 모든 투자는 '대체 투자'에 속한다. 연기금은 대체 투자의 하위 카테고리로 사모 투자, 부동산, 인프라, 헤지 펀드를 제시하고 있다. 2021년 9월 '일산대교 무료화로 국민연금이 손해를 입었다'는 논란이 보도되었는데, 이 투자 대상은 '인프라'에 해당한다. 2021년 말 기준 기금 운용 포트폴리오에서 대체 투자는 13.2퍼센트로, 세부적으로는 사모 투자 4.4퍼센트, 부동산 5.0퍼센트, 인프라 3.3퍼센트, 헤지펀드 0.5퍼센트다.

　개인에게는 주거용 부동산이 자산 가운데 가장 큰 부분을 차지하니 부동산이 대체 투자의 영역이라는 말이 실감 나지 않을 것이다. 국민연금은 목적이 있는 투자 자금이므로 언제든 현금화가 가능해야 하는데, 부동산은 회수에 시간이 걸리기도 하고 최악의 경우 매각이 안 될 수도 있다. 일산대교처럼 정치적 리스크도 있다. 그래서인지 부동산은 채권과 주식만큼 투자 비중을 높게 가져가진 않는다.

　연기금 얘기를 한 것은 투자 포트폴리오 때문이다. 개인도 국민연금이 하듯 투자 포트폴리오를 만들 필요가 있다. 투자 대상이나 투자 비율을 모두 국민연금과 동일하게 하라는 뜻은 아니다. 투자 대상을 다양하게 하라는 뜻이다.

　이는 금융 회사들이 제공하는 개인 자산 관리 서비스에도 동일하게 적용된다. 은행이 VIP 고객을 관리하기 위해 만든 'PBPrivate Banking 센터'에서도 다채롭게 포트폴리오를 구성한다. 넓은 의미의 PB 센터는 은행계와 증권계로 나뉜다. 보통 은행에선 PB 센터라 하고, 증권사에서는 '뱅킹'이라는 용어를 피해 'WM Wealth Management 센터'라고 부른다. PB 센터와 WM 센터는 다루는 상품군이 다르지만 포트폴리오 구성은 비슷하다.

은행의 PB 센터는 고객들에게 다음과 같은 유사한 포트폴리오를 제안한다. 예금 50퍼센트, 주식이나 펀드 20~30퍼센트, 저축보험 10퍼센트, ELS Equity-Linked Securities(주가 연계 증권) 등의 파생 상품 10~20퍼센트 정도다. 예전에 취재차 방문했던 PB 센터 직원에 따르면 "예금은 안전성, 주식이나 펀드는 수익률, 저축보험은 절세를 제고하기 위한 것"이라고 설명했다. 투자 대상의 안전성, 수익률, 목적 등을 적절하게 나눴다. 증권사의 WM 센터라면 예금 대신 채권을, 저축보험 대신 절세형 펀드를 소개했을 것이다.

결론은, 초보자의 재테크라도 포트폴리오를 염두에 두기 바란다는 것이다. 누군가가 '주식으로 큰돈을 벌었다' 'ELS로 큰돈을 벌었다'라고 말하는 것을 듣고 관심이 생겼다면, 자산의 '전부'가 아닌 '일부'를 주식 또는 ELS에 투자해야 한다. 주식에 관심이 생겼다고 전 자산을 주식에 투자해서는 안 된다는 뜻이다.

투자는 성공할 수도 있지만, 실패할 수도 있다. 항상 실패를 대비해두어야 하는데, 포트폴리오 구성은 리스크 분산을 위한 좋은 전략이 될 수 있다. 앞으로 소개하는 금리, 주식, 부동산, 보험의 투자 카테고리들은 사지선다형처럼 하나를 골라서 하라는 얘기가 아니다. 네 개의 주머니를 준비해두고 적절하게 담아가면서 활용하라는 의도다.

포트폴리오 채우기:
학년이 높아지면 가방도 두툼해진다

재테크 1~3년 차

예금 70~90퍼센트, 펀드 10~30퍼센트

재테크를 처음 시작하는 경우라면 무조건 종잣돈 모으기부터 시작해
야 한다. 현금이 어느 정도 있어야 레버리지를 이용해 추가적인 투자
를 할 수가 있기 때문이다. 레버리지에 대해선 이후에 설명하겠다. 시
작은 예금이나 적금 100퍼센트로 해도 된다. 첫 월급을 받고 저축을
처음 시작할 때면 재테크에 대한 지식과 경험이 많지 않으므로, 안전
한 예·적금을 통해 목돈을 만들어가는 과정을 경험해보는 것이 좋다.
　1~2년이 지나서 예금 금리에 만족을 못한다면, 주식형 펀드에

10~30퍼센트 비중으로 투자를 시작해보는 것이 좋다. 주식 초보에게는 주식에 직접 투자하는 것이 어렵고 힘든 과정이므로, 주식형 펀드를 하면서 간접적으로 주식에 대한 이해를 넓히는 시간으로 삼아야한다.

재테크 초보에게는 안전성이 중요하다. 1억 원을 모은 사람에게 100만 원의 손실은 금방 회복이 가능하지만, 500만 원을 모은 사람에게 100만 원의 손실은 크게 다가오고 특히 정신적인 타격이 크다.

재테크 3~5년 차
예금 60~70퍼센트, 펀드 20~30퍼센트, 저축성 보험 0~10퍼센트, 주식 투자 0~10퍼센트

재테크를 하다 보면 자연스럽게 지식이 늘고 시행착오를 통해 감이 생긴다. 그렇지만 무리하지는 말자. 아직 큰 금액을 모은 것은 아니므로 안전 자산(저축성 상품) 위주로 가되 위험 자산(주식형 상품)은 전체의 30퍼센트 이내로 포함하며, 위험 자산 내에서도 성격이 다른 상품으로 리스크를 분산하는 것이 좋다.

주식을 직접 매매하는 것은 권유하지 않지만, 관심을 가진다면 총자산의 10퍼센트 수준으로 하는 것이 좋다. 월 150만 원을 저축한다면 15만 원 수준이다. 15만 원 정도의 금액으로 자신이 선정한 장기 투자 종목에 매월 적립식으로 투자한다고 생각하면 좋을 듯하다. '데이 트레이더'처럼 매일 팔았다 샀다 하는 방식은 직장 생활과 병행

하기도 쉽지 않고, 안정적인 마인드를 유지하기도 쉽지 않다. 무엇보다 데이 트레이딩은 주식에 대한 아무런 비전도 없이 그날그날 운에 맡기는 것이기 때문에 주식 투자라기보다 도박에 가깝다. 종목 선정을 잘 못해서 주위 사람들에게서 유망한 종목이라는 말을 듣고 이것 저것 여러 종목을 사는 경우라면 차라리 펀드를 하는 게 낫다.

저축성 보험은 시중 은행보다 높은 금리를 제공하는 편이지만, 자신이 불입한 원금 전체가 아니라 사업비를 떼고 남은 금액을 운용한 수익률임을 유의하자. 10년 이상 유지해야 이자 소득세가 감면되는 절세 상품이므로 너무 많은 금액을 넣지 않도록 하자.

재테크 5~7년 차

예금 50~60퍼센트, 펀드 20~30퍼센트, ELS 0~10퍼센트, 저축성 보험 0~10퍼센트, 주식 투자 0~10퍼센트

앞서의 3~5년차 포트폴리오와 크게 다르지 않다. ELS라는 상품이 제한적인 비중으로 추가됐다. 이때쯤 금융 상품에 대한 이해가 있기 때문에 ELS처럼 은행 예금보다 수익률이 높고 주식형 펀드보다 리스크가 작은 상품에도 눈을 넓히면 좋다. 그러나 ELS도 원금 손실 가능성이 있는 상품이다. 리스크가 낮다는 것이지, 아주 없다는 뜻은 아니다.

재테크 7년 차 이상

부동산 투자를 시작할 때

직장 생활을 7년 동안 유지하고 매월 120만 원 이상을 모았다면 10년 후에는 1억 원 이상을 모았을 것이다. 첫 월급이 적더라도 그사이 임금이 인상됐으므로, 저축액이 조금씩 늘어나 1억 원을 모으는 시간이 빨라질 수도 있다. 꼭 1억 원이 아니어도 되지만, 1억 원이 상징성도 있고 개인적으로도 '억만장자'라는 성취감이 있다. 물가 상승률이나 부동산 가격 상승률을 감안하면 과거만큼 큰 가치가 아닐 수도 있지만, 개인이 처음으로 1억 원을 모으는 것은 큰 경험이다.

이때쯤 실수요를 위한 부동산 투자를 시도해보면 좋다. 여기서 말하려는 부동산은 서울 강남의 아파트를 말하는 것이 아니다. 웬만한 서울 아파트 가격이 너무 비싸 1억 원으로는 시도도 하지 못한다. 부동산 가격이 급상승하는 시기에 아파트값이 비싸다고 넋 놓고 있으면 무주택자와 유주택자의 간격이 더욱 커진다. 그러다 보니 무주택자들 사이에 '벼락거지'라는 말도 생겼다.

현금 1억 원이면 2억~3억 원대의 빌라를 전세를 끼고 살 수 있는 금액이다. 좋은 매물이 있다면 1억 원 미만의 금액에도 살 수 있으니, 꼭 1억 원이 모일 때까지 기다리지 않아도 된다. 아파트에 비해 빌라는 매매가 대비 전세가율이 70~80퍼센트는 되므로 집값의 20~30퍼센트로 매입할 수 있다. 아파트 가격 상승률에는 못 미치지만, 빌라도 가격이 오르기는 하므로 일단 부동산 투자에 발을 담가두면 부동산 가격 상승을 넋 놓고 바라봐야 하는 상황은 피해갈 수 있다. 일종의 리스크 헤지risk hedge다.

저축을 더 열심히 해서 10년 동안 2억 원을 모았다면 아예 주택 담보 대출을 통해 빌라를 매입해 거기에서 살 수도 있다. 마음을 단단히 먹고 취업 후부터 월 170만 원을 저축하면 10년 동안 2억 원을 모을 수 있다.

신축 아파트를 생애 최초 주택 마련 특별 공급, 신혼부부 특별 공급 등을 통해 노려볼 수도 있겠지만, 서울 인근에서는 1억 원 정도를 손에 쥐고서 청약에 당첨된다 하더라도 주택 담보 비율 제한으로 잔금을 마련할 수가 없다. 신혼부부 특별 공급은 열심히 저축한 두 사람의 자산을 합치면 잔금 마련은 가능하겠지만 소득 기준에서 탈락할 가능성도 있다.

특히 특별 공급 물량은 제한적이라 일반 분양에 비해 경쟁률이 열 배 이상 높다. 잔금 마련이 가능한 시기까지 몇 년을 기다려 특별 공급 물량에 청약하려고 기다리다 보면 그 사이 부동산 가격이 뛰어 버릴 수 있다.

빌라를 살 때는 두 가지 점을 유의해야 한다. 첫째, 언제든 팔 수 있는 평균적인 것이어야 한다. 뭔가 특이한 취향이 반영돼 매수자가 제한되면 나중에 매각할 때 어려움을 겪을 수 있다. 둘째, 10년 정도를 바라보고 재개발 이슈가 있는 곳의 빌라를 사는 것이다. 지금의 청년 세대가 서울에서 아파트를 마련할 수 있는 가장 현실적인 방법이다.

재테크 10년 차 이상

노후 대비 10~20퍼센트

부동산을 구매한 이후에도 다시 목돈 모으기 전략이 필요하다. 다음 단계의 부동산 투자를 위해서는 다시 금융 상품으로 목돈을 모아야 한다. 이때는 많은 투자 상품을 경험해봤기 때문에 스스로 포트폴리오를 구성할 능력이 될 것이다.

추가적으로 신경 쓸 것은 노후 대비다. 연금저축, 퇴직연금에 대해 들어볼 일이 많아질 것이다. 둘 다 소득공제 상품으로 금융 상품 자체의 수익률보다 훨씬 큰 소득공제 효과를 볼 수 있다. 그러나 65세 연금 개시 이전에 해지하면 매년 소득공제로 얻은 수익을 모두 토해 내야 한다.

연금저축은 연 400만 원, 퇴직연금은 연 300만 원까지(50세 이상은 퇴직연금 500만 원까지) 소득이 공제된다. 소득공제 한도를 월별로 쪼개면 연금저축은 월 33만 원, 퇴직연금은 월 25만 원이다. 월 33만 원은 갓 취업한 사회 초년생에게는 큰 부담이므로, 월급이 어느 정도 오른 10년차 정도에서 소액으로 시작해볼 만하다.

금리
저축과 대출

은행:
거짓말은 아닌데 속은 기분

은행에 대해 설명하는 보통의 경우라면 금리부터 시작해야겠지만, 그에 앞서 은행의 변화된 모습을 먼저 말하려고 한다. 은행에 대한 전통적인 상식이 파괴되었고, 은행을 잘 이용해 부를 늘리기에 앞서 은행에게 당하지 않기 위한 방어적 행위를 먼저 알아야 하기 때문이다. 은행을 비롯한 금융사는 고객의 성장을 돕는 파트너이기도 하지만, 금융사 수익을 올리기 위해 고객의 주머니를 호시탐탐 노리는 존재이기도 하다.

2019년 하반기 'DLFDerivative Linked Fund(파생 결합 펀드)'라는 괴물이 서민을 울렸다. MBC〈PD 수첩〉'은행의 배신'에서 보도한 내용을 보면, 1억 원 이상의 정기예금 만기를 앞둔 주부들에게 은행 PB

센터에서 '독일 국채 금리'를 기초 자산으로 하는 DLF 투자를 권유했다. 은행 예금 이자가 1퍼센트 안팎인 상황에서 4퍼센트 이상의 수익을 제공한다고 소개하고, "독일이 설마 망하겠습니까"라며 안전한 상품이라고 설명했다.

그런데 '그 일'이 실제로 일어나고 말았다. 독일 국채 금리가 급락하면서 DLF 구매자들의 손실률이 100퍼센트가 된 것이다. 1억 원을 맡겼는데, 만기에 통장에 찍힌 금액은 0원이었다. 파생 상품인 ELS의 범주에 속하는 DLF는 '중금리·중수익' 정도의 안정적인 금융 상품으로 알려져 있다. 그러나 손실을 볼 확률이 주식이나 펀드처럼 공격적인 상품에 비해 낮다는 뜻이지, 손실 확률이 전혀 나지 않는다는 뜻은 아니다.

ELS와 DLF에 대한 설명은 뒤에서 할 예정이다. 'DLF 사태' 당시 피해자들은 주로 50세 이상의 여성이 대부분이었다. 이들이 공통적으로 호소하는 것은 '은행은 안전하다'는 믿음을 은행이 저버렸다는 것이다. 이제 금융 소비자들이 알아야 할 새로운 상식은 '은행은 더 이상 안전한 현금 보관소가 아니다'라는 점이다.

저금리가 지속되면서 은행의 전통적 수익 모델인 '예대 마진(대출 금리와 예금 금리의 차이)'이 줄고 있다. 카카오뱅크, K뱅크, 토스, 네이버금융 등 핀테크('파이낸셜'과 '테크'의 합성어로, 첨단 정보 기술을 기반으로 한 금융 서비스를 말한다. 주로 금융업을 하는 IT 업체를 일컬음) 회사들이 성장하면서 은행으로 들어오는 예금은 줄고, 불황으로 대출 수요도 줄고 있다. 대출은 크게 가계 대출과 기업 대출로 나뉜다. 가계 대출의 큰 부분을 차지하는 주택 담보 대출은 부동산 규제 강화로 수요가 줄었고, 불황으로 망하는 기업과 자영업자가 많아져서 기업 대출 또한 줄었다.

이에 따라 은행장을 비롯해 지점장, 은행원의 업무 목표는 '비이자 수익'에 맞춰지고 있다. 비이자 수익이란 예대 마진 이외의 수익을 말한다. 은행이 이자 수익 외에 돈을 벌 일은 많지 않다. 스스로 투자를 해서 수익을 얻지도 않는다. 직접 투자는 증권사와 자산 운용사의 영역이다.

그래서 은행이 찾아낸 수익 모델은, 금융 상품을 판매하는 유통업자가 되는 것이다. 이마트나 롯데마트와 같은 대형 마트는 직접 생산하는 상품은 없지만 다양한 상품을 모아놓고 고객을 끌어모은다. 한국전력이 전기를 직접 생산하지 않지만, 발전 업체로부터 전기를 매입해 소비자에게 판매하는 것만으로 전기 관련 업종에서 가장 큰 회사가 되는 것과 원리는 비슷하다.

이 책을 읽는 사람 중 증권사나 보험사 지점을 한 번이라도 방문해본 사람은 많지 않을 것이다. 그러나 은행을 한 번도 안 가본 사람은 없을 것이다. '금융 상품 허브'로는 은행이 제격이다. 은행이 '유통 파워'를 이용해 판매에 전념하면 상품을 직접 만드는 것보다 부가가치가 크다.

앞서 문제가 된 DLF 상품을 은행이 판매했을 때의 수수료는 약 1퍼센트다. 1억 원을 맡긴 고객에게서 은행은 판매 첫날에 판매 수수료 99만 원을 챙겼다. 은행은 판매만 하므로 수수료만 챙기면 그만이고, 고객에게 수익을 안기느냐 손해를 안기느냐는 상품을 설계한 자산 운용사의 몫이다.

판매 수수료는 수익률과 상관없이 먼저 챙기는 것이므로 은행은 손해 볼 일이 없고, 많이 팔면 팔수록 이익이다. 은행의 이런 변화는 은행에서 일하는 직원들에게도 영향을 미친다. 그들은 이제 '안전한 금고지기'가 아니라, 휴대폰 대리점 앞에서 호객 행위를 하는 바람잡이가 되어야 직장에서 살아남을 수 있게 됐다.

맨 처음 DLF를 운영하는 자산 운용사가 은행에 제공한 상품 설명 파워포인트 자료에는 '고위험 상품', '운용 손실이 100퍼센트가 될 수 있음'이라는 경고 문구가 빨간 색으로 표기되어 있었다. 그러나 은행이 고객에게 판매할 때는 이런 경고는 강조되지 않았고, 알아볼 수 없는 깨알 같은 크기로 약관에 표기되었다.

하나라도 상품을 팔아야 하는 압박에 시달리는 은행원 입장에서는 고객을 설득하는 데 불필요한 '이것은 투자 성향 1단계 고객에게만 판매가 가능합니다', '손실이 100퍼센트 날 수 있습니다'라고 강조할 필요가 있을까. 심지어 DLF가 뭔지도 모르는 투자 성향 5단계(안전 성향)인 가정주부의 계약서는 투자 성향 1단계(위험 성향)로 둔갑해 있기도 했다.

우리나라 금융 시장을 관리 감독하는 금융위원장은 기자들이 DLF 사태에 대해 묻자 "하이 리스크, 하이 리턴", "공짜 점심은 없다"라는 식으로 피해자들에게 책임을 돌리는 듯한 말을 했다. 피해자들이 DLF라는 상품을 명확히 알고 있었고, 은행이 이 상품의 리스크를 고객에게 철저히 고지했더라면 금융위원장 발언이 맞다.

그런데 피해자들의 사례는 반대였다. 피해자들은 DLF가 손실률 100퍼센트까지 가는 위험 상품이라는 사실을 인지하지 못했다. '은행 금리보다 높다는 수익률에 혹했으니 고객이 책임져야 하는 것 아닌가'라고 생각할 수 있다. 그렇다고 하더라도 고객들은 손실률이 100퍼센트까지 되리라곤 생각지 못했을 것이다.

피해자들은 '은행은 안전하다'는 믿음을 갖고 '은행에서 파는 것이니 안전할 것이다'라고 생각했을 것이다. 그러나 이제 은행은 안전하지 않다. 은행도 매년 성장해야 유지되는 기업이다. 예대 마진으로 돈을 벌기는 점점 어려워진다. '안전'에 대한 신뢰를 가진 고객을 대상으로 위험 상품을 팔지 않으면 생존하기 어려운 곳이 되어버렸다.

이처럼 고객이 중심이 되지 않고 은행이 중심이 되어버린 현실을 '해적 뱅킹Pirate Banking'이라고 비꼬기도 한다. 은행 PB 센터의 '프라이빗private' 영문 철자가 '해적pirate'과 비슷해서 나온 말이다.

나의 어머니 사례를 들어보자. 시골 출신인 어머니는 금융 상품 문외한이다. 어머니는 10여 년 전 우체국에 정기예금을 들러 갔다가 저축보험에 가입하고 왔다. 내가 저축보험인 걸 알아챌 때까지 어머니는 그게 정기예금인 줄 알고 있었다.

어머니는 왜 은행을 두고 우체국에 가서 정기예금을 들었을까. 우체국의 금리가 시중 은행보다 조금 높았기 때문이다. 우체국은 금융 공기업에 해당하지만 우편 업무가 주 업무로, 금융 업무에 한해서는 전문성이나 편의성이 시중 은행보다 떨어진다.

금융 고객이 찾아오도록 하기 위해 우체국이 할 수 있는 것은 시중 은행보다 높은 금리를 제공하는 것이다. 우체국은 공기업이라 망할 염려가 없다는 점과 2금융권과 비슷한 금리를 제공하는 것이 장점이다. 민간 은행에 비해서는 편의성이 조금 떨어지는 편이다. 시중 은행을 백화점이라 한다면, 우체국 금융 부문은 주민센터 같은 느낌이다. 분위기가 다소 어수선하고 직원 평균 나이가 높다. 그런 불편함을 감수할 수 있다면 은행보다 높은 금리의 예금에 가입할 수 있다.

정기예금이라고 보여준 어머니의 통장을 보니 저축보험이라고 쓰여 있었다. 모양새가 흔히 보는 예금 통장과 동일한 형태였다. 노인들이 깜빡 속을 만하다. 정기예금에 가입하러 온 고객에게 "금리가 더 높은 '저축 상품'이 있는데요"라고 설명했을 것이라는 의심이 든다.

한때 그놈의 '저축 상품' 권유 전화를 많이 받았다. 헷갈리기 딱 좋은 말이다. 증서도 예금 통장처럼 생겼지, '저축 상품'이라고 하니 예금과 적금밖에 모르는 노인들은 정기예금이라고 생각하기 마련이다. 2010년대 전후 스팸 문자나 랜덤 전화 마케팅으로 "좋은 저축 상품이 있다"고 권유하는 경우가 많았는데, 대부분 저축보험을 판매하기 위한 목적이었다.

저축보험은 순수 저축 상품이므로 DLF처럼 원금 손실 위험이 있는 금융 상품은 아니다. 만기까지 잘 유지하면 은행 정기예금보다 높은 금리를 받을 수 있고, 10년 넘게 유지하면 비과세 혜택도 있다. 보통의 예금과 적금에는 이자 소득에 15.4퍼센트(이자 소득세 14퍼센트, 농어촌세 1.4퍼센트)의 세금을 부과하지만, 저축보험은 10년 넘게 유지하면 이 세금이 면제된다.

그러나 '저축보험'은 '보험'이므로 초기에 사업비(판매 수수료 등)를 보험사가 가져가고 남은 금액으로 운용하므로, 만기 전에 해약하면 원금 손실을 본다. 저축보험이 내세우는 '수익률'은 원금에서 사업비(수수료)를 뺀 금액의 수익률이다. 가입 후 2~3년이 지나야 수익이 사업비를 넘어서 전체 금액이 마이너스에서 벗어난다.

우체국 창구 직원 입장에서는 판매 실적 압박에 시달리는 상황에서 "지금 가입한 상품은 조기 해약 시 원금에 손실이 발생할 수 있다"는 내용을 강조해서 크게 말하지 않았을 것이다. 계약서에 서명해 버리면, 최종 책임은 고객에게 있다. 이럴 때 드는 감정이 '거짓말은 아닌데 속은 기분'이다. 물건을 파는 사람이 장점을 크게 강조하고 단점을 쉬쉬하는 것이 금융 회사뿐일까. 중고차를 살 때나 휴대폰을 살 때도 고객은 '호갱(호구+고객)'이 되기 십상이다.

DLF 상품 피해자처럼 되지 않으려면 금융 지식을 어느 정도 갖고 있어야 한다. 은행에서 권유하는 상품이 어떤 원리이고, 어떤 기초 자산에 투자하며, 그 기초 자산을 둘러싼 금융 시장의 환경은 어떠한지를 알아야 한다. 과거에는 재테크라고 하면 열심히 돈을 모으고 굴리는 것만을 의미했지만, 이제는 '금융 마트'가 되어버린 금융 회사들에 당하지 않기 위한 최소한의 방어로서 재테크 지식을 가져야 하는 시대가 됐다. 선택이 아니라 필수가 된 것이다.

빚:
'좋은 빛' 없으면 가난한 사람

'빚은 나쁜 것.' 자라면서 부모에게 많이 듣던 이야기다. 친인척끼리 빚 때문에 싸우는 일을 종종 봤을 것이다. 지인의 보증을 섰거나 도박으로 빚을 졌다거나 사업을 크게 냈다가 부도가 났다거나 하는 일이다.

가족끼리 갈등이 생기는 요소는 대부분 돈 문제다. 물론 부부 사이에는 애정 문제가 크지만, 애정 문제를 빼면 대부분 돈 문제다. 돈에 신경 쓰지 않아도 될 정도로 소득이 있다면, 배우자가 허투루 쓴 돈 가지고 크게 싸우진 않을 것이다. 자녀가 공부를 못한다고 속상하지도 않을 것이다. 자신은 1만 원 아끼려고 도시락 싸서 다니는데, 배우자는 끼니마다 10만 원짜리 뷔페로 식사를 해결한다면 갈등이 생기지 않을 수 없다. 자녀가 공부를 못하면 건물을 상속해주면 된다.

어릴 때부터 빚은 나쁜 것으로 배워왔기 때문에 빚을 진다는 것은 인생의 나락으로 떨어지는 이미지로 여긴다. 사회적으로도 대출로 먹고사는 대부 업체에 대한 부정적 인식이 강하고, 대부 업체의 TV 광고 시간을 제한한다.

돈을 모아야 하는 시기에는 소비를 줄이고 저축을 늘려야 하는 것이 맞다. 그런데 종잣돈이 모인 뒤 자산을 불리기 위해선 빚이 필요하다. 이를 '레버리지'라고 한다. 우리말로 지렛대라는 뜻인데, 작은 힘으로도 큰 무게를 들어 올리는 지렛대처럼, 작은 자금으로 큰 수익을 올릴 수 있도록 하는 원리다.

이를테면, 1억 원의 자금에 1억 원의 대출을 합쳐 2억 원의 집을 샀는데 1년 뒤 집값이 3억 원이 되었다고 치자. 2억 원에 산 집을 3억 원에 팔면 1억 원이 수익으로 남는다. 1억 원으로 1억 원을 벌었으니, 연 100퍼센트의 수익률이다.

레버리지의 효과

투자자	A	B
투자한 자산 가격	2억 원	
① 종잣돈	1억 원	2억 원
대출금	1억 원	0원
1년 뒤 자산 가격	3억 원	
② 매각 후 시세 차익	1억 원	
수익률(②÷①×100)	100%	50%

레버리지를 활용한 A의 수익률이 B보다 높다.

그런데 빚을 전혀 내지 않고, 자신이 모은 2억 원으로 2억 원짜리 집을 사면 어떨까? 2억 원으로 1년에 걸쳐 1억 원을 벌었으니, 연 50퍼센트의 수익률이다. 대출을 활용해 투자했을 때 수익률이 훨씬 높다. 이를 레버리지 효과라 한다. 그래서 기업들은 은행 대출을 끼고 있다.

물론 레버리지가 항상 긍정적인 방향으로 작용하는 것은 아니다. 이익이 두 배일 수도 있지만, 손해가 두 배일 수도 있다. 앞 사례에서 집값이 오르지 않고 오히려 금융 위기를 맞아 반 토막이 났다면 어떨까? A 사례처럼 자기 돈 1억 원에 대출 1억 원을 더해서 산 집이 2년 뒤 1억 원으로 하락했다면, 1억 원을 투자해 1억 원의 손해를 봤으니 수익률은 '마이너스 100퍼센트'다. 원금 전액 손실이다.

반면에 자기 자금 2억 원으로 산 집값이 반 토막이 되었다면, 수익률은 마이너스 50퍼센트가 된다. 즉, 레버리지 효과는 이익이든 손해든 훨씬 크게 만드는 효과가 있다.

재테크를 하다 보면 레버리지를 활용해야 하는 순간이 온다. 주로 주택을 구매할 때다. 돈을 모으는 속도보다 집값이 오르는 속도가 빠르기 때문이다. 현재 1억 원을 갖고 있고, 사려는 집은 2억 원이라고 하자. 1억 원을 빌리면 집을 당장 살 수 있다. 이자를 내는 것이 싫어 1억 원을 더 모아 집을 사려면 어떻게 될까? 5년에 걸쳐 1억 원을 모았는데, 그새 집값이 1억 원 더 올랐다. 처음에 빚을 내어 샀다면 올라버린 1억 원은 내 것이 된다. 하지만 1억 원을 모아 사겠다고 미루는 바람에 올라버린 1억 원 이전 집주인에게 바친 셈이 된다.

금리:
0.25퍼센트에 전 세계가 호들갑인 이유

첫 챕터를 은행과 금리로 시작하는 이유를 설명하자면, 개인에게 가장 익숙한 금융 상품이 예금과 적금이고, 거시 경제적으로 세계 경제의 흐름을 결정하는 중요한 변수가 금리이기 때문이다. 거품 경제를 해소하고자 기준 금리를 올리면 거품이 꺼지면서 금융 위기를 부르고, 금융 위기를 해결하고자 기준 금리를 내리면 거품이 낀다. 세계 경제는 이런 식으로 거품이 생기고 꺼지는 과정의 반복이었다. 금리가 원인 제공자가 되기도 하고 위기 해결사가 되기도 한다.

'한국은행, 기준 금리 0.25퍼센트 포인트 인상', '미국 연준, 기준 금리 0.25퍼센트 포인트 인하'. 이런 뉴스에 금융권 당국과 금융 회사들은 난리다. 고작 0.25퍼센트 포인트 오르고 내린 게 뭐 대수라고 그리 호들갑일까.

0.25퍼센트도 큰손에게는 큰 차이다. 개인이 정기예금을 들 때 조차 다른 조건이 동일하다면 0.1퍼센트 포인트라도 이자를 더 주는 예금 상품에 가입할 것이다. 개인에게 1억 원의 0.1퍼센트는 10만 원에 불과하지만, 법인이 1000억 원을 예금에 가입한다면 어떨까? 1000억 원의 0.1퍼센트는 1억 원이다. 큰돈은 금리에 민감하다. 금리에 따라 큰돈이 급격하게 움직이는 것을 '머니 무브'라고 표현하는데, 개인에게 0.25퍼센트는 나비의 날갯짓에 불과하지만 큰손들에게는 태풍처럼 다가온다.

1987년부터 2006년까지 미국 연방준비제도 이사회 의장을 맡은 앨런 그린스펀이 오랜 기간 저금리를 유지하며 거품을 키운 것이 2009년 리먼 사태의 주요 원인으로 꼽힌다. 그린스펀은 취임하자마자 발생한 주가 폭락 사태를 빠르게 회복시키며 주목을 받았고, 1990년대의 호황을 이끌었다. 그러나 2001년 닷컴 버블과 2008년 리먼 사태의 주범으로 손가락질을 받으며 명예가 실추된 바 있다.

이성태 전 한국은행 총재는 퇴임 후 언론 인터뷰에서 이렇게 얘기했다. "한국은행 총재는 항상 욕을 먹는다. 금리를 잘 조절해서 아무 일도 발생하지 않으면 '대체 하는 일이 뭐냐'고 하고, 금리 조절을 잘못해서 난리가 나면 '일을 그따위로 하냐'고 한다"라고 말했다. 금리는 공기와도 같아서 아무 문제가 없을 때는 그 존재를 잊고 지내지만, 문제가 발생하면 목숨이 왔다 갔다 할 정도로 무서운 존재다.

복리의 마법:
흐린 기억 속의 그대

2000년대 중반 거품 경제 절정기에 강연을 들으러 가면 반드시 나오는 개념이 '복리의 마법'이었다. 저축만 잘해도 자산 가치가 급격히 늘기 때문에 사회 초년생일 때 절약을 통해 빠르게 종잣돈을 만들어야 하는 당위성을 설명하는 데도 효과적이었다.

'복리'란 1000만 원의 정기예금을 1년 만기로 가입하고, 2년째에는 원금과 이자를 합쳐 다시 정기예금에 가입하는 것이다. 이자가 계속 더해지니 매년 원금이 늘어난다. 반대 개념은 '단리'다. 1000만 원의 정기예금을 1년 만기로 가입한 뒤, 2년째에는 이자를 제외하고 다시 1000만 원으로 1년 만기 정기예금을 가입하는 것이다. 금리가 동일하면 매년 만기 시 받는 원리금은 동일하다.

복리의 효과를 설명하기 위해 극적인 예를 들어보자. 독자들 중에 A4 용지를 서른 번 접을 수 있는 사람이 있는가? 만약 인쇄용지 한 장을 서른 번 접을 수 있다면 내 전 재산을 줄 수도 있다. 그까짓 것 별거 아니라고?

종이를 한 번 접으면 두께가 두 배가 된다. 다시 접으면 네 배다. 또 다시 접으면 여덟 배가 되고, 또 한 번 더 접으면 열여섯 배다. 접을 때마다 두께가 두 배로 늘어나는 것이다. 종이를 서른 번 접으면 '2의 30제곱' 배로 두께가 늘어난다. 2의 30제곱은 10억 7374만 1824다. 종이 두께가 100분의 1밀리미터라고 하자. 서른 번 접으면 1073만 7418밀리미터가 된다. 미터로 환산하면 1만 737미터, 즉 10.737킬로미터다. 이래도 종이를 서른 번 접을 수 있겠는가?

혹시 마음속으로 종이를 서른 번 접으면 두께가 30배가 될 거라고 내심 생각하진 않았을까? 그런 생각을 '단리적 사고'라고 한다면, 두께가 10킬로미터가 될 수 있겠다고 생각하는 것이 '복리적 사고'다.

복리의 효과가 단리에 비해 얼마나 클까? 1000만 원을 연 10퍼센트 금리의 예금에 1년 만기로 가입하고 복리로 10년 동안 운용한다고 가정해보자. 계산의 편의를 위해 이자 소득세 등 비용은 없다고 하자. 1년 뒤 원리금(원금＋이자)은 1100만 원이다. 2년 뒤 원리금은 1210만 원이고, 3년 뒤 1331만 원, 4년 뒤 1464만 1000원, 5년 뒤 1610만 5100원, 6년 뒤 1771만 5610만 원, 7년 뒤 1948만 7171원, 8년 뒤 2143만 5888원, 9년 뒤 2357만 9476원, 10년 뒤 2593만 7424원이 된다(소수점 이하 버림).

단리와 복리의 비교

단리식		복리식	
연차	금액(원)	연차	금액(원)
0	1000만	0	1000만
1	1100만	1	1100만
2	1200만	2	1210만
3	1300만	3	1331만
4	1400만	4	1464만
5	1500만	5	1610만
6	1600만	6	1771만
7	1700만	7	1948만
8	1800만	8	2143만
9	1900만	9	2357만
10	2000만	10	2593만

※ 금리 연 10퍼센트 가정. 계산의 편의를 위해 세금 등 제외.

단리적 방식에서는 매년 이자가 100만 원씩 추가되므로 10년 간의 이자는 1000만 원이다. 원금 1000만 원과 합하면 10년 뒤에는 2000만 원을 손에 쥐게 된다. 반면에 복리적 방식은 이자에 또 이자가 붙으니 10년 뒤 2593만 원을 받는다. 원금보다 이자가 더 많다. 단리 방식과 복리 방식의 차이는 시간이 흐를수록 커진다.

복리의 마법과 관련해 하나의 공식이 있다. '72'를 금리(퍼센트 수치)로 나누면 원금이 두 배가 되는 시점을 알 수 있다. 72를 '매직 넘버'라고도 한다. 예를 들어, 금리가 7.2퍼센트면 원금이 두 배가 되

원금이 두 배가 되는 시간

$$\text{year} = \frac{72}{\text{금리}}$$

예) 금리가 3.6%일 때 복리로 원금이 두 배가 되는 시간 = 20년

$$20 = \frac{72}{3.6}$$

는 시기는 10년이다. 금리가 10퍼센트면 7.2년 만에 원금이 두 배가 된다. 앞서의 결과에서 7년 차 원리금이 1948만 7171원이었으니, 원금이 두 배가 되는 시기의 적합성을 확인할 수 있다.

실제로 저축을 할 때는 1000만 원만 10년 동안 굴리는 것이 아니라, 매년 1000만 원이 더해진다. 따라서 10년 뒤에는 10년 차 결과 값부터 1년 차 결과 값까지 10개년의 금액을 모두 더해야 한다. 10년 동안 월급도 오를 것이므로 매년 추가하는 금액은 점점 커지겠지만, 단순 계산을 위해 매년 1000만 원을 저축한다고 하자.

이렇게 연 10퍼센트 이자율을 가정하고 매년 1000만 원씩 10년을 모은 결과는 1억 8531만 1671원이다. 매년 1000만 원을 10년간 모으면 1억 원이 아니라, 그보다 1.85배 많은 돈이 모이는 것이다. 부모 세대는 이런 식으로 저축만 열심히 해도 집을 살 수 있었다.

복리로 매년 1000만 원을 추가할 경우

복리식											
연차	금액(원)										
0	1000만										
1	1100만	1000만									
2	1210만	1100만	1000만								
3	1331만	1210만	1100만	1000만							
4	1464만	1331만	1210만	1100만	1000만						
5	1610만	1464만	1331만	1210만	1100만	1000만					
6	1771만	1610만	1464만	1331만	1210만	1100만	1000만				
7	1948만	1771만	1610만	1464만	1331만	1210만	1100만	1000만			
8	2143만	1948만	1771만	1610만	1464만	1331만	1210만	1100만	1000만		
9	2357만	2143만	1948만	1771만	1610만	1464만	1331만	1210만	1100만	1000만	
10	2593만	2357만	2143만	1948만	1771만	1610만	1464만	1331만	1210만	1100만	1000만
합계	185,311,671										

※ 금리 연 10퍼센트 가정. 계산의 편의를 위해 세금 제외.

1990년대까지 우리나라의 평균 예금 금리는 두 자릿수였다. IMF 구제 금융으로 금융 시장을 개방하기 전까지 한국은 해외로부터의 투자가 제한적이었기 때문에 기업이 자금을 빌리기 위해선 국내에서 자금을 조달할 수밖에 없었다. 돈이 귀했으므로 금리가 높았다. 그럼에도 경제성장률이 예금 금리보다 높았기 때문에 비싼 금리가 유지될 수 있었다. 경제성장률도 복리의 개념이 적용되기 때문에 한 해 10퍼센트 대의 성장을 거듭하면서 30년 만에 경제 규모가 엄청나게 커

퍼센트와 퍼센트 포인트의 차이

① 5%에서 1%가 증가했을 때

$$5\% + (5 \times 0.01)\% = 5.05\%$$

② 5%에서 1%p가 증가했을 때

$$5\% + 1\% = 6\%$$

※ %로 표현된 숫자의 차이는 '%p'로 표현한다.

진 것이다.

복리의 마법 효과를 보려면 초기에 되도록 많은 금액을 예금에 넣어야 한다. 시간이 길어질수록 효과가 커지기 때문이다. 똑같이 직장 생활을 시작한 동기라 하더라도 사회 초년생일 때 저축한 금액의 차이가 10~20년 뒤 큰 차이로 나타난다. 지금은 많이 사라졌지만 직장 선배가 후배들 밥을 사는 옛 직장 문화는 이런 데서 유래한 것이 아닐까 짐작해본다.

지금은 '복리의 마법' 얘기를 들어본 지가 언제인지 가물가물하다. 최근 은행 예금 상품 금리를 확인해보니 1퍼센트도 되지 않았다. 기본 0.8퍼센트에서 급여 통장 지정 시 0.1퍼센트 포인트 추가, 해당 은행 계열 카드사 월 30만 원 이상 사용 시 0.1퍼센트 포인트 추가, 공과금 자동 이체 시 0.1퍼센트 포인트 추가, 이런 식으로 더해야 겨우 1퍼센트를 넘긴다.

금리 연 2퍼센트를 복리의 공식에 대입하면 원금이 두 배 되는 시기가 36년 뒤이다. 7.2퍼센트만 되어도 10년 만에 원금이 두 배가 될 테니 도전해볼 만하지만, 36년이면 정년퇴직을 하고 난 뒤가 될 터이니 정기예금으로 돈을 모을 의욕이 나지 않는다.

복리의 마법 공식을 알면 다른 곳에 응용할 수 있다. 대표적인 것이 자신의 연봉이 언제 두 배가 될지를 계산해보는 것이다. 연봉이 3000만 원이고 임금 인상률이 연평균 3.6퍼센트면 연봉 6000만 원이 되는 시기는 언제일까? '72'를 3.6으로 나누면 된다. 20년이다. 직장에서 20년간 안 잘리면 연봉이 두 배 된다니 괜찮은 셈법 같지만, 물가도 함께 상승하기 때문에 실질 구매력은 '두 배'보다 낮을 것이다.

1 · 2 · 3금융권:
'저축은행'은 은행이 아니다

1금융권, 2금융권, 3금융권이라는 말을 들어보았을 것이다. 1금융권은 시중 은행, 특히 4대 대형 은행을 지칭한다. KB국민은행, 하나은행, 신한은행, 우리은행이다. 여기에 외국계인 시티은행, SC은행과 정책 금융기관인 IBK기업은행, NH농협은행 등이 포함된다. 규모가 크고 안전성이 높은 데다 위기 시 경제 혼란을 막기 위해 정부가 망하지 않도록 돌봐주는 은행이다. 2금융권은 상호저축은행, 새마을금고, 수협은행(수협), 신용협동조합(신협), 신용카드 회사, 리스 업체, 벤처 캐피털 등을 말한다.

　흔히 말하는 '저축은행'은 '상호저축은행'을 말하는데, 용어 변천사를 보면 성격을 짐작할 수 있다. 최초는 '상호신용금고'였다가 상호저축은행으로 바뀌었는데, 업계의 요구로 '저축은행'이라는 용어를 쓸 수 있게 되었다. '상호신용금고'일 때는 2금융권 냄새가 짙었는데, 이를 떼고 '저축은행'이라고 쓰니 1금융권 같은 분위기를 풍긴다.

2011년 저축은행 사태로 다수의 저축은행이 도산하는 등 위기를 겪었는데, 안전성은 1금융권에 비할 바가 못 된다. 서비스 경쟁력도 뒤지는 상황에서 위험성이 내포된 2금융권이 예금을 유치하려면 어떻게 해야 할까? 1금융권보다 유리한 금리를 제시하면 된다. 맛과 서비스가 떨어지는 식당이 손님을 끌려면 가격이 싸야 한다.

예금과 적금 금리가 높으면 대출 금리도 높아야 한다. 정기예금 이자로 연 3퍼센트를 주면서 대출 이자를 3퍼센트로 주면 남는 게 없다. 2금융권의 높은 대출 금리 때문에 아무도 이용하지 않아 망하는 것은 아닐까? 그렇지 않다. 수요가 있기 때문에 2금융권이 존재한다.

신용 점수가 높은 고객은 이자가 낮은 1금융권에서 빌리려 할 것이고, 신용 점수가 낮은 고객들이 2금융권으로 몰릴 테니, 2금융권은 리스크가 큰 고객을 상대로 대출을 한다. 따라서 예금이나 적금을 할 때 높은 금리를 제시하니 떼돈을 벌 것 같지만, 신용도가 낮은 고객을 상대로 대출을 하니 돈 떼일 비율도 높다.

5000만 원 이하 소액을 예금에 들려는 사회 초년생이라면 2금융권은 이용할 만하다. '5000만 원이 소액이라니'라고 흥분할 수 있겠지만, 부모님 입장에서 보면 소액이다. 5000만 원을 언급한 이유는, 예금보험공사에서 1금융권이든 2금융권이든 5000만 원 이하 예금과 적금에 대해선 금융사가 망하더라도 예금보험공사가 대신 물어

주기 때문이다. 예금보험공사가 보증하는 이유는 예금과 적금의 일부가 보험료로 예금보험공사에 납부되기 때문이다. 그래서 이름도 '예금보험'공사다.

3금융권은 흔히 들어본 '러시앤캐시' '바로드림론' 같은 대부 업체를 말한다. 3금융권은 고객으로부터 예치하는 수신 기능(예금과 적금)이 없다. 대부 업체에서 예금이나 적금을 넣었다는 얘기를 들어본 적이 없을 것이다. 3금융권에는 비교적 크고 안정적인 회사도 있는 반면, 작고 불안정한 회사도 많다.

저축은행 같은 2금융권도 몇 년에 한 번씩 사고가 터지는 등 부실 운영에 대한 리스크가 있는데, 3금융권처럼 리스크가 큰 업체가 고객의 예금과 적금을 유치한다는 것은 금융 당국으로서는 허가하기 어려운 일이다.

수신 기능이 없는 3금융권은 자금을 2금융권 등에서 빌려 다시 고객에게 대출하므로 기본적인 조달 금리가 높다. 또한 3금융권 입장에서는 신용 낮은 고객이 돈을 못 갚을 확률이 높아지므로 손해율까지 감안해 높은 금리로 대출을 해줄 수밖에 없다.

개인 신용 점수:
모르는 사람이 더 많은, 평생 따라다니는 스펙

앞에서 얘기한 대로 금융기관에서 대출을 받을 때는 신용이 중요하다. 금융에서 말하는 신용이란 빌린 돈을 잘 갚을 것이라는 믿음을 뜻한다. 현재의 중장년 세대가 젊은 시절에는 은행 대출 금리가 두 자릿수였기 때문에 대출은 엄두를 내기 어려웠다. 지금의 젊은이들에겐 오히려 학자금 대출 덕에 대출이 익숙할 수도 있다. 일상생활에서 보면 대출은 인생의 동반자라 해도 과언이 아니다.

휴대폰을 살 때도 일시불로 사기보다 할부로 사는 사람이 대부분이다. 통신 요금 고지서에 합산해 나오니 '할부금'으로 인식하지 못하고 '통신 요금'으로 인지하는 경우가 많다. 자동차도 대부분 할부로 산다. 홈쇼핑에서 의류를 사도 6개월 무이자 할부를 제공한다. 누구나 대출을 한두 개씩은 가진 시대다.

개인의 신용 등급 또는 신용 점수는 금융 거래에서 사람을 판단하는 주요 잣대다. 사람을 돈으로 차별하는 것은 도덕적으로는 옳지 않은 행동이지만, 금융 거래는 돈 거래이므로 잘 갚을 수 있다는 믿음은 중요하다. 통상적으로 돈 거래가 깔끔한 사람이 인성도 좋다.

예금이나 적금을 받을 때는 등급을 안 따지더니 대출할 땐 신용 등급을 따지는 게 억울하겠지만, 잘 생각해보면 예금이나 적금에 가입할 때 고객은 금융 회사가 믿을 만한가, 어느 곳이 더 이자를 많이 주는가를 따진다. 안전을 최우선으로 한다면 금리가 다소 낮아도 1금융권에 예금이나 적금을 들 것이고, 약간의 리스크가 있지만 대신 약간 높은 금리를 준다면 2금융권에 예금이나 적금을 들 것이다. 리스크보다 높은 금리가 중요하면 P2P 투자(돈을 빌리는 사람과 돈을 빌려주는 사람이 직거래 하는 사이트를 통한 투자)라든지, 사적인 '계'를 이용할 수도 있다.

금융사가 대출 시 신용을 따지는 이유는 대출금을 잘 갚을지 안 갚을지가 중요하기 때문이다. 친구 사이에서 돈을 빌릴 때도 비슷하다. 빌려간 돈을 약속한 날짜에 독촉하지 않아도 알아서 척척 갚는 친구라면 믿음이 가고 다시 돈을 빌려주는 데 주저하지 않을 것이다. 그러나 돈을 빌린 뒤 갚기로 약속한 날짜를 지키지 않고 몇 번을 독촉해야 겨우 받을 수 있는 친구라면 다음부턴 돈을 빌려주지 않을 것이다.

그렇다면 처음 사귄 친구가 돈을 잘 갚는 사람일지 아닐지 어떻게 알 수 있을까? 안 갚아도 그만인 소액을 빌려주고서, 잘 갚는지 태도를 보는 방법이 있다. 작정하고 사기를 치려는 사람은 일부러 최대한의 신뢰를 쌓은 뒤 거액을 빌려 잠수를 타기도 한다. 그건 어쩔 수 없다. 은행도 신용도가 좋은 사람에게 거금을 빌려줬다가 낭패를 당하기도 한다. 그러나 발생 확률이 낮은 예외적인 상황만 생각하면 어떤 기준도 만들 수 없다.

금융사도 유사한 방식으로, 처음에는 대출 한도를 낮게 설정하고 신용이 쌓일수록 대출 한도를 늘린다. 그런데 A 금융사에서 오래 거래하며 신용을 쌓은 고객이 B 금융사에서 대출하기 위해 신용을 처음부터 다시 쌓으려면 불편함이 많을 것이다. 그래서 금융사들을 대신해 개인의 신용 등급 데이터베이스를 관리하는 회사가 따로 생겼다. 이를 '크레딧 뷰로Credit Bureau', 줄여서 CB라고 한다.

CB라는 용어는 주식 투자의 세계에서 '전환 사채Converted Bond'로도 쓰이므로 문맥에 따라 파악해야 한다. AI가 인공지능Artificial Intelligence과 조류독감Avian Influenza의 두 가지 뜻으로 쓰이는 것과 비슷하다. 뉴스에서 다뤄지는 빈도로는 '전환 사채'가 많이 사용되고, '크래딧 뷰로'는 거의 다뤄지지 않는다.

'나는 돈을 한 번도 빌린 적이 없고, 빚과는 담을 쌓은 '바른 생활' 인간형이니 신용 점수가 높을 것이다'라고 착각할 수 있다. 그러나 은행 입장에서 대출을 전혀 해보지 않은 사람은 신용을 알 수 없다. 은행 직원이 개개인을 면담해 품평 보고서를 쓰지 않는 한 개인에 대해 알 방법이 없다.

그렇다면 자신의 신용 점수를 올리기 위해 주기적으로 소액 대출을 반복해야 할까? 그럴 필요까진 없다. 신용카드만 연체하지 않으면 신용 점수는 저절로 좋아진다. 신용카드에 '신용'이란 말이 붙어 있지 않은가. 신용카드를 사용하는 것도 대출이다. 한국은행이 발표하는 가계 부채에 신용카드 구매액도 포함된다.

'신용카드는 과소비를 부른다'는 이유로 현금 결제만 한다면 신용 점수를 쌓을 수 없다. 신용 점수는 개인이 금융사와 얼마나 원만한 관계를 유지하는지를 알 수 있는 척도다. 금융사와 아무런 커뮤니케이션을 하지 않으면 신용 등급은 '무등급'이 될 것이다. 신용카드 외에 휴대폰 요금, 가스·수도·전기료 등을 연체하지 않는 것도 중요하다. CB사는 그런 곳에서도 정보를 얻기 때문이다.

신용 점수가 피부에 와 닿지 않는 독자를 위해 나의 경험을 얘기해보겠다. 10년 전 기업 신용 평가사 직원으로부터 개인 신용 등급을 확인할 수 있는 서비스 쿠폰을 받았다. 신용 평가사들은 기업 신용을 평가하는 노하우를 바탕으로 개인 신용 평가까지 사업을 확대했는데, 이를 개인이 직접 확인할 수도 있다. 1만~2만 원을 결제하면 자신의 신용 평가 점수를 일정 기간(주로 1년) 동안 확인할 수 있다. 이를 한 달 동안 무료로 체험해볼 수 있는 쿠폰을 받은 것이었다.

당시 나는 신용카드 네다섯 개를 문제없이 사용하고 있었고, 통신 요금 등에서 연체가 없었기 때문에 최고등급인 1등급을 받았다. 그러나 몇 년 뒤 2000만 원 한도의 마이너스 통장을 만들었더니 신용 등급이 3등급으로 내려갔다.

마이너스 통장만 개설하고 실제로 사용하지 않으면 신용 등급에 영향을 안 미치지 않을까? 그렇지 않다. 물론 은행이 CB사에 대출 정보를 분초 단위의 실시간으로 제공하지는 않는다. 중요한 변동 사항이 발생할 때만 제공한다. 2000만 원 한도의 마이너스 통장을 만들었다는 것은 수시로 2000만 원을 뺐다 넣었다 할 수 있다는 뜻이니 사실상 2000만 원을 빌린 상태로 본다. 따라서 마이너스 통장을 만들어두고 거의 이용하지 않고 있다면 통장을 없애거나 한도를 줄이는 등의 관리를 해주는 것이 좋다.

반대로 몇 배의 거액을 대출했는데도 개인 신용 등급에 영향을 주지 않은 사례도 있다. 마이너스 통장을 없앤 뒤, 2015년 1억 2000만 원을 주택 담보 대출로 빌렸을 때는 신용 등급이 1등급으로 유지됐다. 주택이라는 확실한 담보가 있기 때문이다. 대출해준 은행 입장에선 대출자가 돈을 갚지 않으면 집을 경매에 넘겨 회수하면 되므로 리스크가 거의 없다. 반면 마이너스 통장은 대출자가 돈을 안 갚으면 강제로 회수할 방법이 없는 신용 대출이다.

신용 대출은 담보를 맡긴 것도 아니니, '배 째'라고 한들 은행이 뭐라 할 게 없지 않을까라는 생각이 들 수 있다. 정상적인 사회생활을 하는 사람이라면 한 번이라도 은행의 대출 상환 독촉을 문자로 받게 되면 안 갚고는 못 배길 정도로 공포를 느낀다.

'연체 시에는 연체 이자가 부과되며 고객의 신용 등급에 영향을 줄 수 있다'로 요약되는 아주 긴 문자를 받게 되는데, 지은 죄도 없으면서 괜히 심장이 떨린다. 나의 경우 깜빡 잊고 대출금이 빠져나가는 통장에 잔고를 채워두지 않은 때가 있었는데, 욕이나 비속어도 없이 딱딱한 법률 용어로 가득한 문자를 받고 나니 괜히 큰 죄를 지은 듯 심장이 떨렸다. 빚 독촉은 영혼을 좀먹게 하는 힘이 있다.

한편 2021년부터 국내 CB사들은 등급제를 폐지하고 개인 신용은 점수로만 제공하기로 했다. 따라서 '개인 신용 등급'이란 말은 엄밀히 말하면 존재하지 않지만, 개인 신용 점수로 이해하면 된다.

저축은행:
스타벅스가 아니어도 커피는 맛있을 수 있다

목돈 모으기가 목적이라면 2금융권을 '스마트하게' 이용하는 것도 좋다. 무작정 이용하기보다 스마트하게 이용하라는 점이 중요하다. 아무래도 2금융권이 1금융권에 비해 불편한 점이 많기 때문이다.

　피부에 와 닿는 불편함은 지점 수가 많지 않다는 점이다. 요즘에는 온라인 또는 모바일로도 충분히 은행 업무를 해결할 수 있지만, 지점을 방문해야 하는 일이 어쩌다 생길 수 있다. 이 경우 지점이 많지 않다는 점은 불편함이 된다. 하다못해 현금 지급기를 이용할 때도 지점이나 현금 지급기가 많지 않으면 수수료를 감수하고 타 은행 현금 지급기를 이용해야 한다. 온라인 거래에도 불편함이 있다. 2금융권의 웹사이트나 앱은 아무래도 1금융권보다 편의성이나 디자인 완성도가 떨어진다.

비유하자면 1금융권이 스타벅스 급이라면, 2금융권은 중소 브랜드 커피숍과 비슷하다. 작은 커피숍이 싸고 발품만 잘 팔면 맛도 괜찮은 곳이 있지만, 아무래도 익숙한 스타벅스로 발길이 향하게 된다. 이런 것에 개의치 않는다면, 목돈 만들기는 2금융권의 정기적금으로 시작하면 좋다. 이유는 오직 하나, 금리가 1금융권보다 높기 때문이다. 2금융권의 정기적금 만기가 되면 그 돈을 다시 2금융권의 정기예금에 넣으면 된다. 정기적금은 매월 일정한 금액을 불입하는 '적립식'이고, 정기예금은 목돈을 한꺼번에 넣어두는 '거치식'이다.

이때 한 금융사에 납입하는 예금이나 적금은 5000만 원을 넘지 않는 것이 좋다. 예금보험공사가 보장하는 예금자 보호 한도가 금융사 한 곳당 5000만 원이기 때문이다. 이자는 가입 시 은행이 제시한 금리 대신 별도로 정해진 금리를 적용하는데, 약정한 은행 금리보다 훨씬 낮은 편이다. 예금이나 적금 액수가 5000만 원이 넘으면 다른 금융사를 이용하면 된다.

2000년대 중반 사회 초년생 시절 나 또한 집 주위의 새마을금고 또는 우체국에 정기예금을 들려고 시도했다. 그런데 1금융권 은행 직원이 "나중에 대출 받을 건 생각 안 하세요?"라고 따끔하게 지적했다. 대출하는 금융사 입장에선 우량 고객을 우대할 수밖에 없는데, 자기네 금융사와 거래가 없는 사람에게 좋은 금리 조건을 제공하지는 않을 것이다.

돈을 모을 때는 금리가 높은 2금융권이 유리하다면, 돈을 빌릴 때는 금리가 낮은 1금융권이 유리하다. 장래에 주택 담보 대출 같은 거액의 대출을 염두에 두고 있다면, 미리 1금융권 은행에서 착실히 실적을 쌓아둘 필요가 있다. 마일리지 개념처럼 거래 실적을 쌓아 신용도를 올리는 것이다. 은행은 대출 시 개인 신용 정보 평가사의 정보도 참고하지만, 자기 은행 거래 실적을 더 중시한다. 아무래도 충성 고객을 우대할 수밖에 없다.

그러나 2008년 글로벌 금융 위기 이후 이런 암묵적 공식이 바뀌었다. 앞서 얘기한 대로 2000년대 중반 거품 경제 시절에는 대출 수요가 많았다. 기업과 자영업자는 돈을 빌려 사업을 확장하고, 개인은 집을 사기 위해 돈을 빌렸다. 대출 수요가 많으면 빌려주는 은행이 갑, 빌리는 고객이 을이 될 수밖에 없다.

그런데 2008년 리먼 사태 이후에는 부동산 가격이 하락하고 기업의 실적이 떨어지자 은행의 대출 수요가 확 줄었다. 그러자 고객이 갑, 은행이 을인 세상으로 '갑을' 관계가 바뀌었다. 이렇게 뒤바뀐 관계는 지금도 유지되고 있다. 당시에 비해 경기는 회복되었지만, 여전히 부동산 규제 강화로 가계 대출 수요가 줄고, 경기 불황으로 기업 대출 수요도 줄고 있어서다.

나의 경우, 리먼 사태 이전까지는 마이너스 통장을 매년 갱신할 때마다 번거로운 과정을 거쳤다. 1년마다 재직 증명서와 원천 징수 영수증을 꼬박꼬박 은행을 직접 방문해 제출해야 했다. 어느 날 은행에서 전화가 왔다. 전화상으로 동의를 표시하기만 하면 마이너스 대출이 갱신된다는 안내였다. 거품 경제 시절에는 돈을 빌리려는 개인과 기업이 많으니 은행이 앉아서 심사만 하면 되었지만, 대출 수요가 줄자 은행이 돈 빌릴 사람을 찾아 나서야 할 처지가 되었다. 고객에게 서류 직접 제출이라는 번거로운 절차를 요구하면 그게 귀찮아서 대출 갱신을 안 할 수도 있으니, '고객 심기를 거스르지 않기 위해' 절차를 간소화한 것이다.

그러니 지금은 목돈 모으기 용도로 2금융권을 이용해도 거리낄 것이 없다. 대신 1금융권이든 2금융권이든 주거래 은행으로 하나의 금융사를 집중적으로 이용하는 것을 권장한다. 나중에 대출할 일이 있으면 한 금융사를 선택할 수밖에 없다. 금융사 입장에서는 거래가 없던 고객을 우대할 이유가 없다. 따라서 목돈 만들기 목적으로 2금융권을 이용하더라도, 추후 대출을 염두에 둔다면 카드 결제나 자동 이체 등 주요 금액이 들어가고 나오는 계좌는 1금융권 한 곳을 이용하는 것이 좋다.

주거래 은행을 만들어두는 것은 대출할 때뿐만 아니라 여행을 목적으로 환전할 때도 유리하다. 한 금융사를 오래 이용한 고객에게 수수료 우대를 제공할 테니까. 다만 요즘에는 우량 고객이 아닌 일반인에게도 '환율 우대' 쿠폰을 뿌려대며 환전 고객을 유치하려는 경쟁이 치열하다. 금융 회사가 경쟁할수록 소비자에게는 유리해지는 환경이다.

인터넷 은행:
무인 카페에서 마시는 커피

2017년 케이뱅크와 카카오뱅크가 영업을 시작하면서 인터넷 전문 은행(인터넷 은행)이 등장했다. 인터넷 은행은 지점이 없는 대신 타 은행보다 높은 예금 금리와 낮은 대출 금리를 제공하는 것이 장점이다. 지점이 없는 인터넷 은행 입장에서는 고객 유치 수단이 따로 없다. 지점의 세련된 인테리어와 친절한 직원 등 영업할 수단이 없으니, 오로지 애플리케이션만으로 승부를 봐야 한다. 지점 운영에 필요한 유지비와 인건비를 줄여 고객에게 보다 높은 예금 금리를 제공하는 원리다.

인터넷 은행은 법인 영업을 할 수 없다는 한계가 있다. 법인 고객은 법인을 상대하는 영업 사원이 있어야 한다. 법인은 큰손이니 은행을 직접 찾아오지 않고, 은행이 찾아가야 한다. 영업 인력을 채용하는 순간, 사람 대신 빅 데이터를 활용하는 비대면 영업이라는 인터넷 은행의 취지가 바랜다. 하지만 예금과 대출 금리에서 유리하다면 기업이 먼저 찾아올 수도 있다.

대출에 있어서도 인터넷 은행은 주택 담보 대출을 하지 않아 규모를 갖추는 데 한계가 있다. 부동산은 권리 관계가 복잡해서 프로그램만으로는 한계가 있고, 심사할 수 있는 인력을 갖춰야 한다. 주택마다 형태와 면적이 다르고 건물과 토지의 권리 관계가 복잡해 하나하나 경험 있는 전문가의 검토를 거쳐야 한다. 그러나 인간을 활용한 개별 심사는 인터넷 은행의 취지에 부합하지 않는다. 다만 인터넷 은행들은 장기적으로 담보 대출 상품도 내놓겠다고 하니, 어떤 알고리즘을 내놓을지 두고 볼 일이다. 주택 담보 대출은 리스크가 거의 없는 담보 대출이므로, 인터넷 은행으로서는 좋은 금리 조건만 제시한다면 일반 은행 고객을 많이 뺏어올 수 있을 것이다.

결국 인터넷 은행의 고객 유인 수단은 예금 금리를 올리거나 대출 금리를 낮추는 것뿐이다. 일반 은행에 비해 금리 조건에서 유리한 면이 있는 반면, 복잡한 절차를 소비자 개인이 해결해야 한다. 은행원이 창구에서 해야 할 일을 소비자가 하는 대가로 유리한 금리를 제공하는 셈이다. 따라서 스마트 기기 사용에 불편함이 없다면 목돈 만들기 목적으로 인터넷 은행을 적극 활용하면 좋다.

40대인 나로서도 인터넷 은행이 마음에 드는 점은 새로운 시대의 흐름을 따른다는 것이다. 카카오뱅크의 기능 중 카카오톡 메시지로 결혼 축의금과 장례 조의금을 전달하는 것이 가능하다. 지인의 결혼식이나 장례식에 직접 방문하지 못하는 경우 지인에게 현금 봉투를 전달해 달라고 부탁하는 번거로움을 더 이상 겪지 않아도 된다.

카톡 메시지로 축의금을 보내면, 메시지를 받은 사람이 계좌 번호를 직접 입력해 송금을 받는다. 기존의 송금 방식은 상대의 계좌 번호를 알아야 하지만, 카카오뱅크 축의금 보내기는 카톡 앱에서 대화 상대방만 지정하면 된다. 받고 싶지 않은 돈인 경우에는 계좌를 입력하지 않고 그냥 두면 일정 기간 후 송금이 취소되고 발신자 계좌에 입금된다. 주는 것도 간편하지만, 받고 싶지 않은 돈도 거절하기가 쉽다. '국민 메신저' 카카오톡을 가진 카카오뱅크만이 가능한 시스템이지만, 전통적인 은행 거래 방식과 비교하면 새로운 시대가 도래했음을 실감하게 한다.

아직은 결혼식이나 장례식에 카톡으로 송금하는 것에 거부감을 가진 사람이 있다. '무성의해 보이지 않는가'란 생각이다. 결혼식 송금은 가능한데 장례식 송금은 꺼려진다는 사람도 있다. 사회적 트렌드는 점점 개인의 선택과 시간의 자율성을 중시하는 쪽으로 가고 있으니. 인터넷 뱅킹의 독특한 서비스도 점차 자리를 잡을 것이다.

러시앤캐시:
'색안경' 말고 '금감원장 안경' 으로 보자

3금융권은 흔히 '대부 업체'로 불린다. 사회적 인식이 좋지 않다. 느와르 영화 같은 데에서 고리로 돈을 빌린 뒤 갚지 않으면 장기를 적출하거나 성매매 업자에게 넘긴다는 등의 설정이 종종 나왔는데, 이런 '사채업자'의 이미지가 강하다.

영화에 나오는 사채업자는 불법 업체다. 합법 업체는 어두운 그림자와는 거리가 있다. '합법'이라면 법을 준수해야 하므로, 이자 제한법으로 인해 말도 안 되는 이자를 받을 수는 없다. 연체 시에도 법정 최저 금리 이내로 받아야 한다. 2018년 2월 이후 법정 최저 금리는 24퍼센트로 내려갔고, 2021년 7월 7일 이후부터는 20퍼센트다. 빚 독촉은 야간에 할 수 없고, 가족 등 타인에게 할 수 없으며, 직장을 찾아가서 하지 못하도록 법으로 제한돼 있다.

누가 3금융권을 이용할까? 돈이 필요한 사람은 어떻게든 금리가 낮은 곳에서 빌리려 할 것이다. 대기업에 다니는 직장인이라면 일정한 소득이 있으니 1금융권에서 마이너스 통장을 만드는 데 어려움이 없다. 신용 등급이 낮아서 1금융권 대출이 어렵다면 2금융권을 찾을 것이고, 거기서도 거절당한 사람이 3금융권을 찾을 것이다.

3금융권을 누가 이용할까라고 의문을 가질 수 있겠지만, 대부 업체들이 망하지 않고 유지되는 것을 보면 그만큼 필요로 하는 사람이 많다는 뜻이다. 대부 업체들은 1·2금융권과 경쟁에서 살아남기 위해 서비스 편의성을 높여왔는데, 별것 아닌 것으로 치부했던 대부 업체들이 공격적으로 사세를 확장하자 1·2금융권에서도 소액 대출에 대한 서비스 품질을 높여야 했다. 소비자 입장에서는 공급자들이 경쟁할수록 유리해지므로, 그런 의미에서 3금융권이 긍정적 역할을 한 셈이다.

요즘의 3금융권은 꾸준히 어둠의 그림자를 지우려 노력한다. 러시앤캐시로 잘 알려진 3금융권의 선두 업체인 OK금융그룹은 2금융권인 저축은행을 인수했으며, 프로 배구팀을 창단해 소비자들과의 접점을 늘리고 부정적 이미지를 바꾸려 하고 있다. 실무적으로는 1·2금융권에서 거절당한 신용 등급 9~10등급의 신용도를 세밀화해 자체적으로 데이터베이스화 하는 등 금융사로서의 역할에 노력을 기울이고 있다. 장점과 단점이 있으니 이용하는 사람이 신중히 판단해서 이용하면 될 것이다.

돈 빌려달라는 친구:
빌리면 갑, 빌려주면 을

살다 보면 '돈 좀 빌려달라'는 부탁을 받을 일이 있는데, 여간 곤란한 일이 아니다. 거절하자니 그간 쌓아온 인간관계가 무너질 것 같고, 빌려주자니 언제 갚을지 갚기나 할 건지 갚을 수나 있을지 걱정이 앞선다.

'돈 앞에는 피도 눈물도 없다'는 말이 있다. 맞는 말이다. 돈 때문에 형제 사이, 부모 자식 사이, 부부 사이가 금이 가고 소송전을 벌인다. 돈거래를 잘못 했다간 돈도 잃고, 사람도 잃는다. 친한 사이일수록 금전 거래는 조심하는 것이 좋다.

오랫동안 소식이 없던 친구가 전화해 돈을 빌려달라고 할 땐 어떻게 해야 할까? 돈 문제로 여기저기 손을 벌리는 사람의 특징이 있다. 처음부터 돈 얘기를 꺼내지 않는다. 이런저런 안부를 묻고, 옛날에 좋았던 시절을 되새기며 분위기를 훈훈하게 만든다. 1단계로 마음의 문을 연 다음, 마지막에 "내가 다음 주에 들어올 돈이 있는데, 지금 마침 급하게 돈이 필요하다. 오늘 빌려주면 다음 주 돈이 들어오는 대로 보내주겠다"라고 얘기한다. '마음의 부담은 최대화, 금전적 부담은 최소화'하는 스킬이다.

처음부터 돈 얘기를 꺼냈다면 마음의 문이 열리지 않겠지만, 마음의 문이 열린 상태에선 쌀쌀맞게 마음의 문을 닫기가 쉽지 않다. "얼마가 필요한데?"라고 답하는 순간 상대의 페이스에 넘어가게 된다. 이렇게 빌려준 돈은 웬만해선 받을 수 없다. 왜일까?

몇 년 동안 연락을 안 하던 사람이 연락했다는 것은, 이미 주변에서 빌릴 곳은 다 빌렸거나 시도해봤다는 뜻이다. 이런 사람이 설령 다음 주에 돈이 생긴다고 한들 나에게 1순위로 돈을 갚을까? 빌리는 사람 입장에서 돈을 갚는 순서는 독촉을 심하게 하는 사람, 빌린 지 오래된 사람 순이다. 내가 1순위일 거라는 착각은 하지 말자.

그러면 어떻게 답해야 할까? 돈을 빌려달라는 친구에게 가족보다 친절하고 은행보다 빠른 3금융권 대부 업체를 소개시켜주자. 그렇게 친절한 대부 업체를 알아보지 않고 왜 오래 연락도 안 하던 친구에게 연락할까? 두 가지 이유다. 첫째, 이미 대부 업체에서도 빌릴 만큼 빌린 상태거나, 둘째, 갚을 생각이 없기 때문이다.

개인 사이 거래에서는 한 번 돈을 빌려주면 갑을 관계가 뒤바뀐다. 빌려준 사람이 죄인이 된다. 빌려준 돈을 받지 못할 땐 스트레스가 상당하다. 처음에는 '3일만', '일주일만', '한 달만' 기다려달라고 버

티다가 나중에는 전화도 받지 않고, 문자를 남겨도 답이 없다. 돈을 안 갚는 사람들이 이런 소리를 한다. "돈이 중요해, 사람이 중요해?" 『베니스의 상인』의 샤일록, 『크리스마스 캐럴』의 스크루지 영감이 고약해진 데는 이유가 있다.

친구 사이의 정을 저버릴 수 없어 빌려줄 수밖에 없다면 '갚지 않아도 괜찮다'고 생각되는 소액을 줘버리는 셈 치고 송금해주자. 100만 원을 빌려달라고 하면, "지금 돈이 없으니 20만 원만 빌려줄게"라고. 실망한 친구가 "넌 친구도 아냐"라고 하진 않을 것이다. 그 돈이라도 감지덕지할 것이다. 그러면 다음에 또 전화가 왔을 때 "저번에 빌려간 돈은 언제 갚느냐"라고 대꾸하면 더는 돈 빌려달란 소리를 하지 않을 것이다.

회사를 경영하거나 자영업을 운영하는 사장님이라면, 사내 직원들끼리 금전 거래를 하지 않도록 철저히 관리해야 한다. 일용직 업무를 주로 다닌 지인에 따르면, 직장에서 돈 빌려달라는 사람이 늘 있다고 한다. 아는 동생이 사회 초년생 때 신세 한탄 차원에서 "이 나이 먹도록 600만 원밖에 못 모았다"고 말했더니, 그 600만 원을 빌려달라고 악착같이 졸라대서 힘들었다고 한다. 어디 가서 돈 얼마 있다고 알리는 거 아니다.

만약 인사권을 가진 팀장이 자기 팀원에게 돈을 빌려달라고 하면 어떻게 될까? 고과와 승진이 팀장 손에 달렸으니 쉽게 거절할 수 없을 것이다. 이런 일이 빈번하면 직원 사기가 나빠지면 나빠졌지, 좋아질 일은 없을 것이다. 대부분의 회사에선 사규로 직원 간의 금전 거래를 금지하고 있다. 큰 기업은 월급이 꼬박꼬박 나오므로 사원 사이 금전 거래를 처음부터 할 필요가 없다. 똑같이 월급 받는 처지인데 돈을 빌리고 다닌다면 정상적인 경제 상황은 아닐 것이다.

'5인 미만 사업장'처럼 영세한 곳일수록 더욱 신경을 써야 한다. 근로자의 지위가 약한 곳에서 일할 수밖에 없는 상황이라면 재무 상태가 좋지 않은 직원이 많을 것이고, 금전 거래 가능성도 높아진다. 대출 요구 말고도, 윗사람이 시골 친척에게 부탁 받은 고추나 마늘을 판매한다든지, 네트워크(다단계) 판매 제품을 강매한다든지 하는 사례도 종종 발생한다.

사장이라면 아예 처음부터 "직원 간 금전 거래와 상품 판매 금지"라고 확실하게 말하고, 이런 것까지 수시로 점검해야 직원들 사이에 갈등이 발생하지 않을 것이다. 대부분의 회사에서는 사우회 대출이라든지 노동조합 대출이라든지 급전을 빌릴 복지가 마련돼 있으므로, 같은 회사 직원끼리 금전 거래를 할 일은 거의 없다.

사회면 뉴스에서 빚 때문에 살인 사건이 벌어지는 사례가 간간이 나온다. 공통점을 보면, 돈을 '안 빌려줬다고' 살인을 저지르진 않지만, '돈을 갚으라'고 독촉하는 사람은 죽인다는 것이다. 목숨이 아깝거든 개인 사이에 대출은 자제하도록 하자.

대출의 기술:
귀찮고 힘들수록 금리는 낮아진다

현금 서비스는 신용카드를 근처 ATM기에 넣고 마치 은행 현금 지급 기처럼 돈을 빼서 쓰는 것을 말한다. 신용카드만 있으면 되니 편리하 다. 대신 이자가 비싸다. 카드사 입장에서는 안 그래도 높은 조달 금리 로 마련한 자금을 언제 사용할지 모르는 현금 서비스를 위해 비축해 두어야 하니 금리가 높을 수밖에 없다. 대신 서류를 준비할 필요도, 앱 으로 개인 정보를 넣고 인증을 할 필요도 없으니 편의성은 가장 높다.

마이너스 통장은 은행에서 신청하면, 소득을 바탕으로 한도가 정해지고 한도 내에서 현금 지급기를 통해 돈을 인출할 수 있는 것이 다. 보통의 정규직 직장인이라면 연봉 수준의 한도가 설정된다. 의사 나 변호사 같은 전문직은 연봉의 몇 배까지 한도가 높은 편이다. 계좌에 잔고가 0이더라도 현금을 추가로 인출하면 그 액수만큼 통장에는 '-(마이너스)'로 금액이 찍힌다.

마이너스 통장도 최초 한 번 신청한 뒤부터는 현금 지급기에서 수시로 뽑아 쓸 수 있기에 편리하다. 최초에 신청하는 과정이 번거로운 만큼, 현금 서비스보다는 대출 금리가 훨씬 낮다. 갚을 때도 ATM기로 현금을 입금하거나 이체하면 되므로 편리하다. 대신 사용하지 않아도 개인 신용 평가사CB에는 설정한 한도만큼 빌린 것으로 통보된다.

1000만 원짜리 마이너스 통장을 개설하면 은행 입장에선 이 고객이 언제 1000만 원을 빌릴지 모르니 늘 1000만 원을 대기해두어야 한다. 1년 동안 고객이 마이너스 통장을 전혀 사용하지 않으면 그 1000만 원에 대한 기회비용을 손해 보게 된다.

반면에 마이너스 통장 대신 일반적인 신용 대출로 1000만 원을 만기 1년 일시불로 대출하면 은행 입장에선 1000만 원에 대한 1년 이자 수익이 확정된다. 따라서 상환 기한이 정해진 일반 신용 대출은 마이너스 통장보다 이자가 싸다.

사실 현금 서비스와 마이너스 통장도 담보를 제공하지 않으니 넓은 의미에서는 신용 대출에 속한다. 다만 실생활에서는 현금 서비스, 마이너스 통장을 제외하고 처음부터 빌리는 액수와 기간이 정해지는 것을 좁은 의미의 신용 대출이라고 부른다. 은행에서 주로 '직장인 대출'이라는 상품명을 달고 나온다. 현금 서비스, 마이너스 통장, 직장인 대출(신용 대출)에는 공통적인 특징이 있다. 빌리기가 편할수록 이자가 높고, 번거롭고 어려울수록 이자가 낮다.

그런데 최근 핀테크의 발달로 이런 원칙도 희미해지고 있다. 앱을 통해 손쉽게 직장인 대출이 가능해져서다. 최근에 내가 중고 자동차를 살 때 중고차 매장 사무실에서 카카오뱅크 직장인 대출을 앱으로 신청했더니 내 계좌로 대출금이 들어왔다. 앱에서 입력할 정보가 많아서 번거롭지만, 회사에서 재직 증명서와 원천 징수 영수증을 종이 형태로 받아 은행 창구에 가서 한참을 기다린 뒤 제출하는 것에 비하면 10분의 1도 안 되는 시간과 노력으로 대출이 가능했다.

카카오뱅크가 이렇게 비대면으로 은행권에서 가장 싼 이자로 대출을 해주니, 기존의 일반 은행에서도 앱을 통한 신용 대출이 가능해졌고, 이자도 그리 높지 않은 편이다. 스마트폰과 앱에 능한 세대가 인터넷 전문 은행에 점차 익숙해지고, 그렇게 20~30년이 지난다면 전통 은행들의 입지는 더욱 좁아질 수밖에 없다.

CMA:
월급 통장처럼 친숙한 증권사 통장

2007~2008년의 일이다. 지금은 믿기 힘들겠지만, 내가 사회생활을 한 이후에 1금융권 정기예금 금리가 연 8퍼센트가 넘는 때가 있었다. 거품 경제 시절 얘기다. 나보다 앞선 세대는 두 자릿수 예금 금리를 경험했을 것이다. 연 8퍼센트 이상의 예금 금리가 나온 계기는 당시 증권사에서 CMACash Management Account 통장이란 것을 팔기 시작하면서다.

흔히 은행 예금은 '요구불 예금'과 '저축성 예금'으로 나뉜다. 요구불 예금은 입출금이 자유로운 통장으로, 언제든 돈을 넣을 수 있고 언제든 돈을 찾을 수 있다. 저축성 예금은 예금, 적금 등으로 만기가 정해져 그 전에는 돈을 찾을 수 없다. 금융사 입장에선 만기가 정해진 돈이어야 그 기간 내에 또 다른 누군가에게 안정적으로 빌려줄 수 있으니 저축성 예금에는 높은 금리를, 요구불 예금에는 쥐꼬리 같은 이자를 주었다.

그런데 증권사에서 CMA 통장을 팔기 시작하면서 '하루만 맡겨도 높은 이자'를 홍보했다. 하루를 맡겨도 연 이율을 365일로 나눈 만큼의 이자를 준다는 뜻이다. 당연히 CMA 통장의 인기가 치솟았고 은행의 요구불 예금에 묶여 있던 돈이 대거 CMA로 이동했다. 증권사들은 CMA로 들어온 고객 돈을 단기 채권 등에 투자해 고객에게 이자를 지급했다. 증권사는 예금 기관이 아니므로 수신 기능이 없지만, 일종의 투자 상품으로 CMA를 판매하고 '통장'이란 이름을 붙였다.

은행 입장에서는 가만히 있으면 시중의 여유 자금이 대거 증권사로 이동하게 되니 속이 탔을 것이다. 빠져나가는 현금을 붙잡을 수단은 예금과 적금 금리를 올리는 것밖에 없었다. 금리를 올리는 것 외에도 만기가 한 달 또는 분기(석 달) 단위로 짧아진 정기예금 상품으로 맞불을 놓았다. 1년 만기가 일반적이던 때는 11개월 29일째 해지하면 계약 불이행으로 약정한 이자를 받지 못했다. 그러나 한 달 단위 회전식 예금이라면 1년을 채우지 못하더라도 11개월 동안만의 정상적인 이자를 지급받을 수 있었다.

시간이 더 지나 은행 또한 하루 단위로 이자를 정산하는 AMAAuto Management Account 계좌를 만들었다. 증권사의 CMA에 대항하기 위해 은행이 만든 초단기 예금 상품이다. 다만 지금과 같은 저금리 시대에는 하루 단위의 이자를 챙겨준다고 해도 그 이자가 미미하기 때문에 금융 상품으로서의 매력이 크지 않다.

1년짜리 정기예금에 가입하기에는 애매하고, 몇 달을 그냥 두기에는 아까운 돈이 있다면 1개월마다 만기가 돌아오는 정기예금에 가입해보자. 이를 '회전식 정기예금'이라고 한다. '언제 돈이 필요할지 몰라 1년짜리 예금 들기 꺼려진다'는 생각이 들수록 당장 가입하자. 의외로 '언제 쓸 돈인지 모르기' 때문에 한 달이고 두 달이고 방치할 확률이 높다.

1개월짜리 예금을 들기 위해 은행 지점을 방문해 번호표를 뽑고 기다려야 한다면 시간이 아까울 수 있다. 그러나 지금은 모바일이나 인터넷으로 간단히 정기예금에 가입할 수 있다. 정기예금은 보험, 펀드와 달리 당일 해약해도 아무런 손해가 없다. 그러니 조금의 여유 자금이 생기면 무조건 정기예금에 가입하자. 또한 자동 만기 재연장을 설정해두면, 해약할 때까지 매월 자동으로 재가입이 된다.

최근 핀테크 열풍이 불면서 IT 기업들도 통장을 내놓기 시작했다. '네이버통장'이 대표적이다. 카카오통장은 카카오뱅크라는 허가받은 인터넷 전문 은행이 만든 금융 계좌다. 그러나 네이버는 은행업 허가를 갖고 있지 않다. 네이버통장은 브랜드는 '네이버'를 붙였지만, 실제는 증권사인 미래에셋대우의 CMA 통장이다. '판매원'은 네이버, '제조원'은 미래에셋대우인 셈이다.

통장:
통장 많다는 자랑은 추억의 드라마에서만

재테크에 관심을 가진 이후부터 이해하지 못했던 장면이 있다. "나 통장 ○ 개 있다"고 자랑하는 말이다. 과거 TV 드라마나 재테크 서적을 보면 이런 말들이 종종 나오고, 『네 개의 통장』이라는 재테크 서적도 있었다. 나의 입장에선 '통장이 많은 게 무슨 장점인가'라는 의문이 든다. 모든 금융기관을 방문해 통장을 하나씩 만들면 '통장 부자'가 되는 것 아닌가.

단순히 통장이 많다는 뜻보다 '통장 쪼개기'를 통해 자산을 적절하게 관리한다는 의미일 것이다. 생활비 통장, 비상금 통장, 적금 통장, 예금 통장 등으로 통장을 나눈 뒤 생활비로 책정한 금액 내에서만 소비를 하도록 강제하는 것이다. 갑작스런 병원 치료비나 경조사비 등을 위해 비상금 통장도 예비로 두면 적금 통장을 깨지 않을 수 있다. 이런 목적의 통장 쪼개기는 사회 초년생뿐만 아니라 어느 정도 자산을 축적한 이나 결혼한 부부에게도 유용하다.

또한 'ㅇ 개의 통장'이 단순히 통장 숫자만을 뜻하지는 않았을 듯하다. 당시에 세금 우대형 상품이었던 '장기 주택 마련 적금', 아파트 청약을 위한 '주택 청약 저축', 목돈 굴리기 목적의 '정기예금', 목돈 만들기 목적의 '정기적금', 상시적인 입출금을 위한 '요구불 예금' 등으로 구성되었을 것이다.

은행 한 곳을 이용하더라도 목적에 맞게 포트폴리오를 구성하라는 뜻이 아니었을까. 안전 자산이라도 세부적으로 들어가면 포트폴리오 전략은 필요하니까 말이다. 통장이 많다는 것은 살림이 알뜰하고, 저축을 많이 하고, 미래를 준비한다는 성실함을 대변하는 말이 아닐까 짐작해본다.

지금은 종이 통장이 사라져가고 있다. 나도 몇 년 전까지는 '통장 정리'를 꼬박꼬박 하며 종이 통장을 열심히 관리했는데, 어느 순간 종이 통장을 관리하지 않고 있다. 우선은 은행 지점 방문이 부담스러워진 탓이 크고, 둘째는 온라인PC 뱅킹, 모바일(스마트폰) 뱅킹이 오류가 없을 정도로 신뢰도가 높아져 은행과의 거래 내역을 굳이 종이로 보관하지 않아도 되어서다.

은행들도 종이 통장을 억제하는 중이다. 종이 통장을 없애면 금리나 포인트 등의 인센티브를 제공한다. 종이 통장 자체도 디자인·인쇄·운반·보관 비용이 드는데, 시중 금리가 높아 예대 마진이 클 때는 통장이라는 비용을 감내했지만, 이제는 그마저 아껴야 하는 것이 은행의 현실이다. 이런 추세다 보니 나 또한 자연스럽게 종이 통장에 대한 미련이 사라졌다.

　과거처럼 통장 개수를 자랑하는 시대는 지나버렸다. 타인에게 통장을 자랑하고 싶다면 온라인 또는 모바일 뱅킹 화면을 캡처해 보여줘야 하는 것일까. 추억의 TV 드라마에선 '캔디'형 주인공의 성실함을 보여주려 통장과 도장이 등장하기도 한다. 등록금이 부족해 쩔쩔매는 남동생을 위해 가장인 누나가 '턱하니' 통장을 내미는 식이다. 도장은 서명으로 대체된 지 오래고, 통장 자체도 사라져간다. 이제는 "누나, 통장은 됐고 등록금은 카뱅으로 보내줘. 계좌 번호 없이 내 대화명으로 보내주면 돼"라고 동생이 답할지도 모르겠다.

은행 창구:
직원의 친절은 공짜가 아니다

회사를 옮기기 전까지는 몰랐다. 은행 창구가 피도 눈물도 없는 영업의 현장이었다는 것을. 이전 직장은 국내 상위권의 큰 신문사였고, 그 건물 1층에 은행이 있었다. 그 신문사가 해당 지점의 1순위 법인 고객이므로 은행은 그 회사 직원들에게 친절했다.

언론사라 본사 차원에서도 신경을 쓰는 곳이었다. 은행은 광고를 내기도 하고 사회 공헌 활동을 하는 등 이미지 제고를 위해 많은 돈을 쓴다. 언론사 건물에 입점한 일개 지점 하나가 나쁜 이미지를 심으면, 은행이 많은 돈을 들여 홍보해온 이미지에 금이 갈 수 있다.

나는 한때 1억 원의 현금을 들고 주식 투자를 하던 때가 있었는데, 주가가 떨어질 때마다 특정 종목 주식을 1000만 원씩 10회로 나누어 사는 투자 방법을 사용했다. 주가가 좀 올랐다 싶으면 팔고서, 몇 달 동안 다시 떨어지길 기다린다. 기다리는 동안에는 은행의 3개월 단위 회전식 정기예금에 보관해두었다. 그럴 때마다 창구에서 안면을 익힌 친절한 직원의 사번을 추천인으로 입력하곤 했다. 그렇게 알게 된 직원은 구내식당 등에서 마주쳐도 친절한 인사를 건넸다(그 직원은 기혼이었으므로 로맨스는 없었다).

얼굴을 모르는 행원에게까지 친절을 베풀 일이 있었다. 하루는 그 지점의 간부가 전화를 걸어 "월말이라 실적 때문에 연락드렸습니다. 고객님이 넣으신 예금 중 3000만 원을 다른 직원 추천으로 해도 괜찮을까요?"라고 말했다. 돈은 그대로 있고, 단지 예금 추천인을 변경하는 것이므로 선심 쓰듯 허락했다.

은행 창구 직원은 엄청난 실적 압박을 받는다. 과거처럼 고객이 은행을 무조건 찾아와야 일을 볼 수 있었던 시절에는 소소한 잡무를 해결하는 게 직원의 주된 일과였다면, 지금은 그런 잡무는 온라인·모바일 뱅킹, 즉 기계가 한다. 요즘 같은 시기에 자기 발로 은행 창구를 찾아온 소중한 '고객님'을 단순 업무만 처리해주고 돌려보낸다는 것은 손해 보는 장사다. 어떻게든 신용카드, 저축보험, 실손보험, IRPIndividual Retirement Pension(개인형 퇴직 계좌) 등 금융 상품을 판매해야 한다.

이를 행원 자율에 맡기면 회사를 사랑하는 마음에 자발적으로 매번 고객에게 약장수처럼 얘기할 수 있을까? 그렇지 않을 것이니 강제하는 수밖에 없다. 할당을 부여하고, 어떻게든 한 명의 고객이라도

2030 부의 지도

악착같이 붙잡고 영업을 하도록 떠민다. 회사라는 곳은 설렁설렁 일해도 쉽게 달성할 수 있는 업무 목표를 제시하지 않는다. 허덕이면서 겨우 목표를 채우도록 하는 곳이 회사다. 실적 압박으로 자살하는 은행원 뉴스도 들릴 정도로 은행의 실적 압박 강도는 만만치 않다.

이전 직장에 있을 때 동료 직원 중 한 명이 은행 직원인 배우자를 대신해 개인형 퇴직 계좌인 IRP 가입 서류를 들고 다니며 "돈은 하나도 안 넣어도 되니 계좌만 하나 만들어달라"고 권유하던 것이 생각난다. 부인의 업무 할당량을 채우기 위해 남편이 회사에서 영업을 했던 것이다. 그것이 홍삼이나 전기장판, 건강식품이었다면 회사에서 죄를 물었을 테지만, 잘 알려진 대형 은행의 상품인 데다 가입자에게 금전적 부담을 지우지 않았으므로 크게 문제되지 않았다.

회사를 옮기고 난 후, 회사 근처에 있는 동일 브랜드의 은행 지점을 방문했다. 이직 직후에는 한두 번 은행을 방문할 일이 생긴다. 과도할 정도로 친절하던 창구 직원은 끝내 "신용카드 하나 만드실 생각 없으세요?"라고 물었다. 웃는 낯에 침 못 뱉는 법이고, 신용카드는 만들고 안 쓰면 그만이니 "네"라고 승낙했다. 그 직원은 고맙다며 5000원이 충전된 스타벅스 카드, 물티슈, 시장바구니를 증정품으로 주었다.

요즘은 은행에서 대출을 신청하면 담당 직원을 위해 신용카드 하나 정도 만들어주는 것은 예의인 시대가 되었다. 몇 년 전 주택 담보 대출을 신청하러 은행을 방문했을 때, 담당 직원은 잠깐 뜸을 들이더니 "카드 하나 만들어주시면 안 돼요?"라고 물었다.

예금할 때는 내가 갑이지만, 대출을 받을 때는 을의 입장이니

'갑'님인 은행 직원의 부탁을 들어주지 않을 수 없다. 이처럼 대출을 무기로 금융 상품을 판매하는 것을 '꺾기'라고 부른다. '은행의 갑질'로 뉴스에 종종 나온다. 개인에 대한 꺾기도 있지만, 중소기업 자금 담당자에게 카드 수십 장, IRP 계좌 수십 개 등을 해 오라는 식으로 떠넘기는 경우도 있다.

대개 은행 창구를 찾는 고객보다 창구 직원의 연봉이 높다. 고액 연봉자인 은행원 입장에서는 체면이 있으니 아쉬운 부탁을 하고 싶지 않을 것이다. 이럴 때 회사의 실적 강요가 힘을 발휘한다. 혹시라도 눈앞의 고객이 요청을 들어줄지도 모르는데, 아예 말을 꺼내지 않으면 그럴 기회조차 주어지지 않으니까. 영업에 단련된 직원은 권유한 상품이 거절당했을 때 다른 상품은 필요하지 않은지 이것저것 물어보기도 할 정도로 낯이 두껍다.

은행 창구가 살벌한 영업 현장임을 깨달은 뒤부터는 은행 창구에 가기가 꺼려진다. 특히 직원이 과도한 친절을 베풀면서 말을 많이 하는 상황이면 더욱 부담스럽다. 가장 좋은 방법은, 은행 갈 일이 있으면 3개월 치를 몰아서 한꺼번에 가는 것이다. 신용카드 하나 만들고 3개월 뒤 해지하면 되니까.

소비 철학:
인생은 지름신과의 끝없는 투쟁

내가 돈을 모으기 좋았던 또 다른 이유는 30대 중반까지 패션이나 여행에 크게 관심이 없어서였다. 이 얘기는 40대 아재의 '뭣 모르는' 조언일 수도 있고, 요즘의 세대와는 지향점이 다를 수 있다.

2003년 입사 때의 초임 연봉은 2400만 원으로 월 실수령액은 200만 원이 조금 안 되었다. 야근비 명목으로 20여만 원이 추가되어 200만 원 조금 넘는 것이 월 소득이었고, 연말 성과급이나 명절에 나오는 보너스 같은 것은 없었다. 그럼에도 월 150만 원 이상씩 저축했다. 당시는 분식집 비빔밥이 3000원일 때로 지금과는 화폐 가치가 달라 200만 원도 적은 금액이 아니었다. 어쩌다 온라인 서점에서 책과 DVD를 5만 원 넘게 사는 것이 손이 떨리는 사치의 전부였다.

이렇게 모으면 연 1800만~2000만 원 정도가 되니 5년 정도 모은 돈으로 전세를 끼고 아파트를 살 수 있었다. 안타까운 것은 10년이 지난 지금 내가 다녔던 회사의 초임 연봉은 25퍼센트가량 오른 반면, 집값은 세 배 이상 올랐다는 점이다. 옛날 경험을 바탕으로 조언하는 것이 조심스럽다.

나의 경우, 집에서 다니니 아침밥은 집에서 먹고 점심은 언론사 특유의 후배 챙기는 문화 덕분에 선배에게서 거의 얻어먹었고, 저녁 식사에도 크게 돈 쓸 일이 없었다. 옷도 여름 양복 두 벌, 겨울 양복 두 벌, 점퍼 두 벌 정도가 전부였다. 여자의 경우에는 패션과 뷰티에 조금 더 소비할 것이다.

지금은 스타벅스 마니아지만, 당시에는 스타벅스를 비롯한 커피점도 거의 가지 않았다. 2003~2004년이면 스타벅스가 한국에 들어온 지 4~5년밖에 되지 않아 광범위하게 대중화되지 않았다. 어쩌다 생긴 스타벅스 시음권(쿠폰)도 필요가 없어 주변인에게 나눠줬다.

대신 집 근처에 내가 졸업한 대학교가 있어서 학교 도서관을 주로 이용했다. 졸업생에게는 도서관 출입이 공짜였다. 동문회비를 부탁한다는 고지서가 줄기차게 날아오지만 납부는 자율이었다. 학교 도서관을 이용하니 공부하러 커피점을 갈 필요도 없고, 저렴한 학교 구내식당을 이용하거나 샌드위치를 도시락으로 싸 갔다. 학교 도서관에는 휴게 공간이 잘 마련돼 있어 그곳에서 식사를 해결했고, 걸어서 집과 도서관을 오갔다.

집에서 부모님과 함께 살고 도서관을 이용하니 돈 쓸 일이 많지 않았다. 지금은 개인의 취향이 중요해진 시대라 개인의 자존감을 유지하기 위한 비용, 즉 품위 유지비도 늘었고 집값은 몇 배가 되어 돈을 모은다는 목적이나 방법에서 어려움이 많다. 그렇지만 흙수저인 사회 초년생이 돈을 모으기 위해서는 역시나 소비를 줄이는 것밖에는 방법이 없다.

가끔 대학생 조카들에게 사줄 장갑이나 모자 같은 것을 인터넷에 검색해보면 40대가 쓰는 물건에 비해 가격이 저렴했다. 아무래도 20대를 위한 제품은 가격대가 낮게 형성되어 있다. 그렇다면 소득에 맞는 스마트한 소비가 필요하다. 다른 사람이 볼 때 브랜드가 드러나는 가방이나 신발 정도만 조금 가격대가 있는 것으로 사고, 바지나 셔츠 등의 아이템은 저렴하면서도 싸 보이지 않는 물품을 사는 것이다. 인터넷 쇼핑몰을 열심히 서치하다 보면 '떨이의 떨이의 떨이'까지 유통 과정에 이른 제품을 살 수도 있다. 어쨌거나 부지런함이 필요하다.

학교 도서관을 이용하거나 인터넷 쇼핑몰의 저렴한 제품을 운좋게 '득템' 하는 방법은 대중적인 방법은 아니다. 그러나 많은 사람이 이용하는 방식이 아닌 자신만의 틈새 소비를 통해 만족감을 극대화하는 것이 소비 철학의 목표가 되어야 한다.

가계부:
매일 쓰는 반성문

10여 년 전, 가계부 쓰기가 유행했던 때가 있다. 많은 재테크 기사와 서적, 강연에서 가계부 얘기를 하다 보니 굳이 쓸 필요를 느끼지 못한 나도 효과가 있는지 궁금해져 가계부를 한번 써보기로 했다.

직장인이 하루에 소비하는 건수는 그리 많지 않다. 하루 카드 사용 내역은 보통 다섯 건 이내다. 일일이 메모하지 않아도 저녁에 하루의 동선을 곱씹어 돈 쓴 일을 기록할 수 있다. 금액이 떠오르지 않으면 영수증 또는 문자 메시지에 기록된 카드 사용 내역을 보면 된다. 그렇게 10원 단위까지 기록하며 한 달 동안 가계부를 적어보았다.

가계부를 쓰는 이유는 한 달 동안 소비한 항목을 리뷰하며 낭비되는 비용을 줄이기 위해서다. 그런데 내가 쓴 가계부를 아무리 분석

해도, 모든 항목에 소비할 이유가 있었다. 카페에서 치즈 케이크를 사 먹었다면, 그 시점에 치즈 케이크가 너무나 먹고 싶었기 때문이라고 합리화하는 것이다.

이런 식이면 어느 항목이든 다 필요해서 쓴 것이 된다. 스타벅스에서 30분도 앉아 있지 않았는데 왜 커피를 마시는 비효율적인 소비를 했을까? 미팅 시간보다 일찍 도착해 책이라도 한 줄 읽으려고 그랬던 것이었다. 책 한 글자라도 더 보는 것이 아메리카노 한 잔 가치는 있다고 생각했다. 보고 싶은 영화를 보고, 읽고 싶은 책을 사고, 듣고 싶은 CD를 샀고, 만나야 할 사람을 만났다.

이러다 보니 가계부를 쓰는 의미가 없었다. 그래서 그만뒀다. 지금도 가계부를 쓰려면 철두철미하게 기록할 수 있겠지만, 그럴 동기나 의미가 없기 때문에 하지 않는다. 중요한 것은 개별 항목의 기록이 아니라, 소비를 분석하고 소비 행태를 점검하는 것이 아닐까.

소비 패턴에 반성할 부분도 있다. '언제 품절될지 모른다'는 이유로 구매한 신발이 스무 켤레가 넘었다. '다시는 운동화를 사지 않으리'라고 마음먹다가도 마음에 드는 운동화가 보이면 '장바구니'에 넣어두고 하루에도 몇 번씩 '눈팅'을 한다. 시간이 흐르면서 사이즈별로 품절이 발생하면 '내 사이즈가 품절되지 않을까'라는 조바심이 들어 결국에는 구매 버튼을 누르는 자신을 발견하게 된다.

옷은 여러 벌을 갈아입지만, 신발은 대개 용도에 맞게 두세 켤레를 신는다. 서너 켤레로 몇 년을 신으면서, 추가로 신발을 계속 사니이젠 10년 넘게 꺼내보지도 않은 채 박스에 고이 간직한 신발이 많다.

세월이 지나니 트렌드도 바뀌고 나의 취향도 바뀌어 신발이 더 이상 예뻐 보이지 않기도 한다. 그래서 깨닫는다. 지금 저 신발이 세상에서 가장 예뻐 보이지만 시간이 지나면 더 예쁜 신발이 또 나온다는 것을. 가계부를 쓰다 보면 이런 반성을 매일매일 하게 될지도 모르겠다.

10년 전 어떤 자동차가 출시됐을 때 너무나 예뻐서 '이 이상 더 멋진 차를 어떻게 디자인하지'라는 생각을 한 적이 있다. 그런데 5년 뒤, 10년 뒤 나온 신차들은 하나같이 구형 모델보다 훨씬 멋졌다. '지금 안 사면 영원히 못 산다'는 생각을 떨치는 게 나에게 필요했다. 지금 당장 필요치 않은 물품의 소비 욕구를 참아야 했다. 나중에도 언제든 멋진 신발이 내 앞에 나타날 것이라고 위로하면서.

중요한 것은 가계부를 쓰느냐가 아니라 자신의 소비 패턴을 분석하고 새는 돈을 줄이는 것이다. 가계부를 쓰라는 말은 소비를 분석하라는 말이지, '손글씨 노동'을 하라는 뜻은 아니다.

이번 달 소비액이 100만 원을 넘겼는데 다음 달에는 70만 원 안으로 줄이고 싶다. 어떻게 해야 할까? 이번 달 소비한 항목을 들여다보며 어떤 것은 해야 하고 어떤 것은 하지 않아야 하는지를 구분해야 한다. 이달에 영화를 네 편 봤다면 다음 달에는 두 편만 보자라든지, 이번 달에 술 마시는 데 30만 원 썼다면 다음 달에는 반으로 줄이자와 같은 목표를 세우는 일이다. 가계부를 쓴 것과 동일한 효과를 본다.

영수증:
이제는 '경제 이슈' 아니고 '환경 이슈'

예전에 나는 신용카드 결제 시 영수증을 반드시 챙겼는데, 얼마 전부터 영수증을 챙기지 않는다. 과거에 영수증을 챙긴 데는 이유가 있었다. 10여 년 전 전주의 한 주유소에서 1만 5000원어치 주유를 하고 카드 용지를 받았다. 서명하려고 보니 금액란에 '15,000'이 아니라 '0'이 하나 더해진 '150,000'이 찍힌 것이 아닌가. 당시 번호판은 '서울'로 시작하는 구형 초록 번호판이었다. 주유소 주인이 일부러 그랬을 리 '있었겠지만' 즉시 항의해 숫자를 바로잡았다. 만약 아무 생각 없이 서명하고 서울로 왔다면 다시 전주까지 찾아가 바로잡기는 불가능했을 것이다.

동네 마트에서도 계산 오류가 있었다. 마트 계산원은 동일한 물품 여러 개의 바코드를 일일이 스캔하는 것이 번거로우니, 바코드 스캔은 한 번만 하고 숫자 버튼으로 개수를 '2'로 입력하기도 한다. 그런데 계산 도중에 동네 할머니가 끼어들어 "밖에 시금치 얼마예요?"라고 말을 걸면 정신이 흐트러져버린다. '1상품 1스캔' 후 수량을 '2'로 입력했는데, 정신을 차리고 보니 스캔하지 않은 물품이 남아 있어 또 한 번 스캔을 한 것이다. 동네 마트에서 흔히 생기는 일이다.

지금에 이르러서는 신용카드 전산 오류가 10년에 한 번도 보기 어려울 정도가 됐다. 사람에 의한 오류도 몇 년에 한 번 생길까 말까 한 수준이고, 손실액도 소액이다. 신용카드 사용 내역이 실시간으로 휴대폰 문자로 표시되기 때문에 영수증 없이도 확인할 수 있다.

영수증을 출력하지 말아야 할 또 하나의 이유는 환경오염이다. 종이 자체의 소모량도 많고, 영수증 용지 코팅제에 포함된 비스페놀A도 인체에 해롭다. 어떤 영수증에는 '비스페놀A를 사용하지 않은 용지로 만들었습니다'라고 쓰여 있기도 한데, 비스페놀A는 환경 호르몬의 일종으로 많이 접촉할수록 신체의 내분비계를 교란해 영수증을 많이 만지는 종업원의 건강 문제와 연결된다. 이제는 영수증을 받아야 할 이유보다 받지 말아야 할 이유가 더 많아졌다.

투자
주식과 펀드

마이너스의 세계:
실연의 아픔보다 견디기 힘든 것

'하이 리스크, 하이 리턴High risk, high return' 또는 '노 리스크, 노 리턴 No risk, no return'. 위험 없인 수익도 없다는 뜻이다. 투자를 하면서 절절히 느끼는 말이다. '저축'이 아닌 '투자'의 목적은 은행 이자보다 높은 수익률이다. 은행 이자 수익으로 충분하다면 군이 투자에 나설 이유가 없으니까. 저축이 아닌 투자에 나선다는 것은 은행 이자가 주는 안전성을 리스크와 바꾸는 셈이다.

변동성이 있는 금융 상품에 투자해본 역사가 전혀 없는 사람이라면, '내 돈이 마이너스가 된다'는 것에 심리적 충격이 클 수 있다. 경험상 실연의 아픔 이상이다. 애인과 헤어지면 당장은 심리적 충격이 크지만, 시간이 갈수록 충격의 강도가 약해진다. 오히려 세월이 흘러 인생을 풍요롭게 만드는 추억으로 남기도 한다.

그러나 돈이 사라지는 것은 일정 기간 투입한 노동 시간이 사라지는 것이기 때문에, 인생의 일부가 사라져버리는 것과 마찬가지다. 월 100만 원을 저축해 1년 동안 1200만 원을 모았는데, 1200만 원을 투자 실패로 날려버리면 인생의 1년을 날리는 셈이다. 그 돈을 자신이 써버렸다면 허망하진 않을 것이다. 돈을 쓸 때는 그만큼의 만족감을 누리기 때문이다. 그러나 투자 수익률이 마이너스가 되면, 아무런 심리적 만족감도 없이 돈이 사라져버리니 후유증이 온다.

인간의 손해 회피 심리와 관련해 잘 알려진 실험도 있다. 동전을 던져 앞면이 나오면 50원을 받고 뒷면이 나오면 아무것도 받을 수 없는 게임 A와, 동전의 앞면이 나오면 250원을 받고 뒷면이 나오면 50원을 잃는 게임 B가 있다고 하자. 확률적으로 동전을 10회 던지면 앞면이 5회, 뒷면이 5회 나온다. 동전 던지기를 10회 한 후 게임 A의 기대 이익은 500원이다. 게임 B의 기대 이익은 1000원이다. 게임 B의 기대 수익이 두 배 높지만 대부분의 사람은 게임 A를 선택한다고 한다. 조금의 손실이라도 보지 않으려는 것이 인간의 본능이기 때문이다.

투자에 나설 때는 마인드 컨트롤 훈련이 필요하다. 인간의 '연약한 마음'이 아니라 '기계적인 두뇌'가 필요하다. '머리는 차갑게 가슴은 뜨겁게'라는 말이 있는데, 일반적인 사회생활에는 이 덕목이 어울리지만, 투자에 나설 때는 '차가운 머리'만 필요하다. '뜨거운 가슴'은 투자의 방해꾼이다.

주린이:
인생 최초의 투자에서 번 돈이 화근이다

'월급과 자식 성적만 빼고 다 오른다.' 오르라는 건 오르지 않고, 오르지 말라는 건 오른다는 심리를 잘 표현한 듯하다. 월급은 늘 부족하게 느껴진다. 왜 그럴까?

대학 졸업 후 백수로 지내다 첫 월급을 타면 대개 만져보지 못한 '거액'이 월급 통장에 찍힌다. 학생 때나 인턴 때 받던 급여의 몇 배가 월급으로 들어오니, 이런 거액이 따로 없다. 그런 기분은 그리 오래 가지 않는다. 사람은 소득이 오르는 만큼 소비 욕구와 만족의 기준이 오르기 때문이다. 돈이 없을 때는 배불리 먹기만 하면 만족했지만, 돈이 생기면 맛있는 것이 먹고 싶어진다. 사회 초년생일 때는 중고 아반떼만도 감지덕지했는데, 30대 중반이 되면 쏘나타나 그랜저 정도는 타야 하지 않는가라는 욕구가 생긴다.

　돈은 늘 부족하게 느껴지고, 그러다 보면 소득을 올리기 위한 궁리를 한다. 직장인에게 수입은 회사에서 받는 급여로 제한된다. 회사에서 일하는 시간은 정해져 있으므로 다른 일을 하기에는 시간적인 제약도 있다. 대부분의 회사는 정규직 사원이 또 다른 정규직 업무를 하거나 자영업을 하는 행위를 금지한다. '대리운전이나 해볼까?' '주말에 음식 배달 알바나 해볼까?' 이런 생각이 들지만, 웬만한 직장인의 시간 대비 급여와 비교하면 차라리 휴식을 취하는 것이 좋겠다는 결론으로 이어진다.

　이리저리 궁리하다 보면 시선이 모아지는 곳이 '투자'의 세계이다. 부동산은 단위가 너무 커서 엄두를 못 내고, 소액으로 할 수 있는 것을 찾다 보면 주식 투자에 이르게 된다. 대리운전처럼 별도의 시간과 에너지를 투여하지 않아도 되는 돈벌이다.

　주식 투자를 최초로 시도할 때는 계기가 있다. 대개 주위에서 '주식으로 돈을 좀 벌었다'는 소식이 들릴 때다. 그때가 언제냐 하면 모든 주식 종목이 오르는 대세 상승기다. 이때는 주식에 대해 잘 모르는 초보자라도 웬만하면 이익을 낼 수 있다. 주식 문외한이라도 활황장에서는 어떻게든 돈을 벌게 되니, 지나친 자신감이 생긴다. '주식 투자 별거 아니네'라든지 '내가 운발이 있군'이라고 생각하면 다행이고, '내가 좀 투자에 소질이 있네'라고 생각하면 위험 신호다.

　100만 원을 투자해 10만 원이라는 공돈을 번 기쁨도 잠시, 인간의 욕심이 발동한다. '가만, 1000만 원을 투자했다면 100만 원, 1억 원을 투자했다면 1000만 원 벌었을 것 아냐'라는 아쉬움이 머릿속을 지배한다. 100만 원으로 10만 원 번 것도 수익률로 따지면 많이 벌었는데, 절대 금액이 작기 때문에 부족하게 느껴진다. 그래서 투자금을 늘리기 시작한다. 동시에 아드레날린이 솟아나며 흥분 상태에 빠진다.

당연한 이치지만, 주식이 영원히 오르지는 않는다. 언젠가는 떨어지게 되어 있다. 장기 상승장이더라도 하루, 일주일 단위로 끊어서 보면 단기적으로는 가격이 오르락내리락하면서 움직인다. 단기 조정장이 닥치면, 이것이 일시적인 조정인지 대세 하락의 시작인지 판단하기 어렵다. 이런 판단을 쉽게 할 수 있다면 누구나 부자가 되었을 것이다.

주식에서 돈을 버는 사람은 주가 하락기에 주식을 사 모으며 때를 기다린 뒤 대세 상승기에 처분해 목표한 수익률을 달성한다. 반대로 돈을 잃는 사람은 남들이 '돈 벌었다'는 말을 듣고 뒤늦게 대세 상승기의 막바지에 주식을 산다. 그는 주식을 싸게 사 모은 사람의 이익을 실현시켜주는 사람이다. 포커 판에서 꾼들에게 돈을 잃어주는 호구다.

그럼 쌀 때 사놓은 뒤 비쌀 때 팔면 되는 것 아닌가라고 단순하게 생각할 수 있다. 그런데 일반인은 주식 가격이 쌀 때와 비쌀 때를 판단하기가 쉽지 않다.

10여 년 전 한 대기업 부장이 해준 슬픈 재테크 실패담을 소개하려 한다. 국내 굴지의 대기업 S전자에서 근무했던 그는 회사에서 성과급으로 나눠준 S전자 주식과 추가로 시장에서 매입한 S전자 주식

수천만 원어치를 보유하고 있었다. S전자를 계속 다녔다면 자기 회사 주식이니 굳이 팔지 않고 보유했을 것이다.

그런데 이직 후 굳이 S전자 주식을 갖고 있을 필요가 없었고, 마침 주가가 오르자 과감히 매도했다. 평균 매입가가 20만 원인데 40만 원에 팔았으니 100퍼센트 수익률이다. 원금이 두 배가 되는 신기에 가까운 투자 성공을 이룬 것이다.

당장은 행복했다. 주식으로 번 돈으로 자동차를 바꾸고 온 가족이 해외여행을 갔다. 그런데 이 이야기를 해줄 때의 S전자 주가는 60만 원대였다. 이후 S전자 주가는 10년 뒤 200만 원을 돌파했다(현재의 가격은 주식을 쪼갠 것이다). 만약 처음 사 모은 S전자 주식을 팔지 않고 두 었다면 열 배로 올랐겠지만, 개인 투자자가 주식을 10년 넘게 보유하기란 쉽지 않다. 자기 회사 주식이라면 투자 목적으로만 산 것이 아니므로 팔지 않았을 것이다.

나 개인적으로도, 리먼 사태 직후인 2009년 초 40만 원대로 하락한 S전자 주식을 1000만 원치 산 기억이 난다. 주가가 10퍼센트 올랐을 때 팔아치우고는 100만 원 벌었다고 뿌듯해했다. 주가가 60만 원을 돌파하자 '이거 계속 오르는 거 아냐'라며 다시 주식을 매입했는데, 주가는 오르지 않고 60만 원대가 무너졌다. 주가가 내리는 괴로움을 참지 못하고 매도해서 100만 원 넘는 손해를 봤다. S전자 주식을 지금까지 갖고 있었으면 대박 아니냐고? 개미 투자자가 미래를 내다보고 종목을 선택하고, 또 산업의 사이클을 이해하고 매도 타이밍을 잡는 것은 쉬운 일이 아니다.

종목을 잘 선택하더라도, 단기적 사이클에 따른 주가 하락에 인내심을 가지는 것이 쉽지 않다. '더 오르겠지'라고 막연히 기대하다가 본전도 못 건지기도 하고, '이번에는 내리겠지' 생각하고 팔았더니 더 오르기도 한다.

종목:
큰손이 삼성전자를 사는 데는 이유가 있다

어떤 종목을 살지 잘 모를 땐 두 가지 방법이 있다. 첫째는 펀드를 쪼개서 하나의 주식 종목처럼 개별 포장한 ETFExchange Traded Fund(상장 지수 펀드)를 사는 것이다. ETF의 본질은 펀드인데 판매 방식은 주식의 형태를 취한다.

펀드를 사느냐, ETF를 사느냐의 차이는 떡집에서 한 판의 떡을 사느냐, 가판대에서 소포장된 떡을 사느냐의 차이다. 떡을 한 판씩 대량으로 팔면 명절이 아니면 잔치가 있는 사람만 사갈 것이다. 반대로, 즉석에서 먹기 좋게 소포장을 하면 지나가던 개인이 손쉽게 살 수 있다. 쪼갤수록 잠재 고객 수가 늘어난다. 펀드도 마찬가지로 월 100만 원씩 넣는 펀드를 살 수도 있지만, 과자 한 봉지를 사듯 소포장된 펀드를 살 수도 있다. 1만 원으로 쪼개면 진입 장벽이 낮으니 구매자가 늘어날 것이다.

ETF는 자산 운용사가 만들어 거래소에 상장한다. ETF는 여러 가지 상품이 있는데, 코스피 지수에 투자하거나, 원유 관련 주식에 투자하거나, 삼성과 같은 대기업 계열사들에 투자하는 등의 상품을 설계한다. 일반적인 펀드의 투자 대상에 제한이 없듯이, ETF에도 투자 대상이 광범위하다.

ETF에도 상품이 많으니, 그중에서도 코스피 지수에 투자하는 상품을 고르면 '인덱스 펀드'에 투자하는 것과 효과가 같다. 인덱스 펀드란, 개별 종목이 아닌 특정 지수index, 예를 들어 코스피나 코스닥 KOSDAQ 등의 등락과 움직임을 같이하는 펀드다. 종목 전체의 평균에 투자하면 개별 종목이 가진 리스크를 줄이는 효과가 있다.

어떤 종목을 살지 잘 모를 때의 두 번째 방법은 잘 알려진 기업의 주식, 즉 우량주를 사는 것이다. 삼성전자, 현대자동차, LG화학, 기아자동차, 포스코, 네이버, 카카오 같은 종목들이다. 취업 준비생들이 취업하고 싶어 하는 기업들이다. 여기선 국내 재계 서열 상위권 회사의 대표적인 상장 회사를 하나씩 꼽아봤는데, 이는 설명하기 위해 예를 든 것이지 그 종목을 사라고 추천하는 것은 아니다. 투자의 판단과 책임은 자신에게 있다.

주식이라는 투자 상품은 위험 자산으로 분류되지만, 주식 내에도 위험한 종목과 덜 위험한 종목이 있다. 잘 알려진 대기업의 주식으로는 크게 벌지는 못해도 크게 잃지도 않는다. 그러나 잘 알지 못하는 작은 기업을 소문만 듣고 투자했다가는 크게 잃을 수 있다.

우량주를 사야 하는 이유는 주식 시장의 큰손들 때문이다. 국민 연금은 특정 종목의 지분을 10퍼센트 이상 보유할 수 없는데, 이미 국 내의 상장 대기업 주식을 10퍼센트 한도까지 다 사놓았다. 지금 웬만 한 기업의 주식 지분을 보면 대부분 국민연금이 10퍼센트를 차지한 다. 이런 제한이 없다면 국민연금이 주식을 끊임없이 사 모으다 어느 순간 국내 대부분 기업들의 1대 주주가 될 수 있다. 그러면 공기업이 나 다름없게 된다.

국민연금이 국내 주식 대부분을 사버리면 그 자체로도 리스크다. 지금은 국민연금 금고에 들어오는 돈이 나가는 돈보다 많은 '순매수' 상황이다. 그러나 몇십 년 뒤 보유고가 정점을 찍은 뒤에는 들어오는 돈보다 나가는 돈이 많아지게 된다. 국내 최대 큰손인 국민연금이 주 식을 '순매도'하기 시작하면 어떻게 될까?

900조 원이 넘는 자금을 굴리는 국민연금이 주식을 팔기 시작하 면 그 물량을 받아줄 곳이 없다. 만약 국민연금이 국내 대기업 대부분 의 주식 50퍼센트 이상을 갖고 있다가 팔기 시작하면 국내 주식 시장 은 폭락하고 영영 회복하기 어렵게 된다. 그것을 막기 위해 10퍼센트 룰을 만든 것이다.

우량주에 투자하면 유리한 이유는 뭘까? 만약 글로벌 주식 시장 이 한꺼번에 폭락해 국민연금과 자산 운용사들이 보유한 주식을 대거 팔아치우고 현금화했다고 치자. 이후 주가가 회복되면 국민연금과 자 산 운용사들은 손에 든 현금으로 다시 주식을 사야 하는데, 어떤 주식을 살까. 삼성전자, LG화학, 현대자동차, 포스코 같은 대기업 주식부터 살 수밖에 없다. 우량주는 주가가 떨어지더라도 조금의 고통은 있겠지만, 회복 불가능한 상태가 되지 않는다.

반면 작은 회사들의 주식은 정체불명의 투기성 자금에 의해 상승하는 경우가 많다. 1부 리그가 코스피라고 하면, 2부 리그에 해당하는 코스닥에서 특정 종목이 오르면 왜 오르는지 이유를 알 수 없는 경우가 많다. 그럼에도 주가가 갑자기 오르면 투자자들의 관심을 끄니, 크게 한탕을 노리는 개미 투자자들도 몰려들게 된다. 우량주로는 단기간에 큰돈을 못 벌기 때문에, 리스크가 큰 종목을 짧은 기간에 대박을 칠 수 있는 기회로 여기는 것이다.

이런 투자는 투기에 가깝다. 이들 종목은 상승세가 사라지면 다시 오를 가능성을 기약할 수 없다. 그 주식을 사줄 사람이 없기 때문이다.

주식 투자 경험이 쌓이면, 자신의 판단으로 주식 종목을 고르게 될 것이다. 그렇지만 알면 알수록 아리송한 것이 주식이다. 내가 생각하는 것과 다른 투자자들이 생각하는 것이 다르다. 이를테면 현대자동차가 제네시스 브랜드로 멋진 자동차를 출시했고 인기가 좋다는 것을 보고 '현대차 주식을 사야지'라고 생각할 수 있다. 그런데 현대차 주가는 멋진 자동차를 출시한 것과 별개로 움직인다. 주가는 히트 상품 때문에 오르는 것이 아니라 그 회사의 사업이 성과를 내는가, 새로운 사업의 전망이 밝은가 같은 거시 지표에 의해 움직이는 경우가 많다.

'나의 생각'이 아니라 '대중의 생각'이 중요하다. 주식 투자 경험이 쌓이면 대중이 특정 뉴스에 어떻게 반응하는지 대략 감이 올 것이다. 자신의 취향에 맞는 저예산 영화를 봤는데, 재미있고 감동적이었다. 그런데 다른 관객들도 그렇게 생각할까? 다른 관객들도 자신과 동일한 생각을 가졌다면 블록버스터가 되었을 것인데, 흥행에 실패했다면 자신의 취향이 대중의 취향과 거리가 있다고 볼 수 있다.

비트코인:
주식 투자자가 비트코인을 쳐다보지 않는 이유

2017년 비트코인 광풍이 불었다. 몇 달 동안 상승세가 연일 지속되니, 사놓기만 하면 돈을 벌었다. 입소문이 나면서 너도나도 비트코인 투자에 나섰다. 그러나 영원히 오르는 투자 상품은 없다. 언젠가는 상승세가 다하고 조정을 받는 시기가 온다. 비트코인도 마찬가지다.

당시의 비트코인 투자를 보면 주식 투자의 '묻지 마 투자'와 동일했다. 당시 20대 젊은이들은 "우리가 어디 가서 이런 투자로 돈을 벌 수 있겠냐"고 했고, 정부가 투자 자제를 요청하면서 주가가 조정을 받자 "젊은이들이 돈을 벌 기회를 차단했다"며 정부를 원망했다.

비트코인을 비롯한 암호화폐는 주식 투자와 무엇이 다를까? 차익 실현을 목적으로 한다면, 행태적으로 다를 바가 없다. 주식에는

'기업에 필요한 자본 조달'이라는 명분이라도 있다. 물론 주식 투자를 이런 명분을 위해 하는 사람은 거의 없을 것이다. 대부분 차익 실현을 목적으로 하는데, 차익 실현이 목적이라면 주식 투자나 암호화폐 투자나 본질은 동일하다.

앞서 주식 투자를 처음 시작하는 계기는 상승장이라고 말했다. 여기저기 돈 좀 벌었다는 소문이 들리니 관심을 가지게 되는 것이다. '암호화폐 투자'는 주식 투자에서 수많은 종목 가운데 하나에 투자하는 것과 행태적으로 유사하다. 본질은 '묻지 마 투자'인데, 블록체인이니 암호화폐니 하는 신기술로 포장되어 주식 투자와 다른 카테고리로 인식됐다.

행태적으로는 비슷하지만 주식 투자와 암호화폐 투자 사이에는 본질적 차이가 존재한다. '주가는 신도 모른다'는 말이 있지만, 그것은 단기적 변동에 대한 것이고, 10년 이상의 장기적 주가 흐름은 어느 정도 예상해볼 수 있다. 미국의 테슬라, 아마존 등의 주가가 오르는 것은 10년 뒤에 전기차와 온라인 상거래가 대세가 되리라는 전망을 기반으로 하고 있다.

그러나 암호화폐는 장기적 전망을 할 수 없다. 암호화폐가 미래에 유망한 거래 수단이 된다는 전망이 있기는 한데, 전기차나 온라인 상거래에 비해서는 추상적이다. 주식 투자를 해본 사람 입장에서는 비트코인이라는 것이 적금이나 주식, 채권, 펀드, 보험, 부동산처럼 하나의 '투자 카테고리'가 아니라 코스닥의 한 '종목'으로 느껴진다.

암호화폐는 가치를 측정할 수단이 없다. 단지 암호화폐라는 신기술에 도취된 장밋빛 희망만이 있을 뿐이었다. 암호화폐를 사놓고 가격이 오르기만을 바라는 것은 로또를 사놓고 1등에 당첨되기를 바라는 것과 다를 바가 없다.

2021년 말 비트코인 1단위가 4만 달러대 가격으로 형성돼 있다. 남들이 관심 갖지 않을 때 꾸준히 사 모은 사람이 4만 달러가 됐을 때 투자 수익을 거두는 것이다. '4만 달러 돌파'라는 뉴스를 보고 '어, 비트코인 살아 있네'라고 생각하고 투자를 시작하면, 그는 그동안 비트코인을 사 모은 투자자의 이익을 실현시켜주는 사람이다. 비트코인은 물론 비트코인이 미래에 어떻게 될지는 아무도 모른다.

적정 주가:
잘 팔아도 후회, 못 팔아도 후회

주식 투자를 하면 늘 고민하는 것이 '적정 주가'다. 도대체 언제 사야 싸게 사는 것이고, 언제 팔아야 비싸게 파는 것일까? 그래서 애널리스트 리포트에는 항상 '목표 주가'가 있고, '바이buy · 중립hold · 셀sell'의 포지션을 표기한다.

정답은 '신도 모른다'이다. 만약 매도 · 매수 타이밍이나 목표 주가처럼 애널리스트의 분석이 정확하다면 이 세상에 갑부 아닌 사람은 없을 것이다. 그렇다고 증권사 리포트가 쓸모없는 것은 아니다. 리포트의 목적은 정확한 가격을 예측하는 것이 아니라, 예측이 나오기까지의 논리 전개 과정에 있다. 최종 판단은 투자자의 몫이다.

주식 투자에 성공하는 가장 쉬운 방법은 '쌀 때 사서 비싸게 팔면 된다'이다. 그런데 적정 주가를 알아야 언제가 싸고 언제가 비싼지 알 수 있을 것이다. 애석하게도 적정 주가라는 것이 이 세상에는 존재하지 않는다. 애초에 존재해서는 안 되는 것이다.

누구나 수긍할 만한 적정 주가가 있다면 주식은 절대 거래되지 않기 때문이다. 주식이 거래되는 이유는, 팔려는 사람은 '더 이상 안 오를 것'이라고 생각하기 때문에 파는 것이고, 주식을 사려는 사람은 '앞으로 더 오를 것'이라고 생각하기 때문이다.

언제 사고 언제 팔아야 할지 모른다는 점도 주식 투자를 어렵게 만드는 원인이다. 앞서 언급한 S전자 주식을 주당 20만 원에 매입한 부장님이 20년 넘게 주식을 보유했더라면 가격이 열 배 이상 올랐을 것이다. 실제로는 가격이 두 배로 오르자 냉큼 팔아버리고는 '잘 팔았다'고 샴페인을 터뜨렸다.

그럼 주식을 사서 무작정 오래 보유하면 부자가 될 수 있을까? 그 또한 어렵다. 한때 각광 받는 블루칩으로 유명했던 현대중공업, 대우조선해양, 삼성중공업 같은 조선주의 경우 전 세계의 생산 물량이 중국으로 향하고 한국 조선업이 하락세에 접어들면서 더 이상 각광 받는 블루칩 주식이 아니다. 대형주라 하더라도 산업의 흥망성쇠와 미래 비전을 파악하지 못하면 재미없는 주식이 되기도 한다.

증권사 객장:
월드컵 한일전도 이보다 흥미롭지 않다

주식을 모르는 사람에게 HTS(홈 트레이딩 시스템) 화면을 한 시간 동안 쳐다보라고 하면 지루해서 보지 못할 것이다. 숫자와 그래프밖에 없기 때문이다. 그러나 내가 주식 1000만 원어치를 산 뒤 HTS 화면을 보고 있으면, 너무나 흥미진진하다. 내 돈이 시시각각 많아졌다 적어졌다 변동하기 때문이다. 1분 전에는 1010만 원이었는데, 또 1분이 지나니 990만 원이 됐다. 도파민 수치가 확확 뛰어오른다.

장기적인 주식 투자가 어려운 이유는 주식 투자가 심장을 뛰게 만들기 때문이다. 주택이나 상가, 오피스텔 같은 부동산은 한 번 사면 1년이고 10년이고 보유하다가 어떤 큰 계기가 생겨야 처분할 마음을 먹게 된다. 그 사이 가격 변동에 대해서는 크게 신경 쓰지 않는다.

2010년대 초반까지 주식 관련 TV 뉴스에는 항상 증권사 객장이 나왔다. 증권사 객장 한 면 가득 커다란 전광판이 있고, 수많은 종목의 현재 가격이 실시간으로 표시됐다. 객장에는 나이가 지긋한 분들이 많았다. 대학생이던 나는 당시 하루 종일 가만히 앉아 전광판만 뚫어져라 쳐다보는 사람들을 이해하지 못했다. 요즘은 객장을 찾아보기 어려운데, 이는 PC와 스마트폰의 보급으로 단순 매매는 99퍼센트 이상 개인 단말기에서 이뤄지기 때문이다.

주식 투자를 직접 해보면 안다. '내 돈'이 줄었다 늘었다 하는 모습에 가슴이 두근거리는 이유를. 주식 직접 투자는 잭팟을 노리고 슬롯머신에 돈을 태운 도박꾼의 마음과 비슷하다. 이런 스펙터클한 기분을 극복하지 않으면 주식으로 큰돈을 벌기는 쉽지 않다. 기계적인 마인드, 즉 마음이 딱딱해져야 주식 투자에 적합한 심리 상태가 된다.

공매도:
마이너스 주식 통장

주가 하락을 부추긴다며 정책적으로 금지하기도 하는 공매도. 공매도란 주식을 갖고 있지 않은 상태에서 주식을 파는 것이다. 어떻게 주식이 없는 상태에서 주식을 팔 수 있을까? 아무런 제한 없이 있지도 않은 주식을 팔기는 불가능하다. 따라서 어느 정도 신용이 있어야 가능할 테고, 그 정도 신용을 가지려면 법인이어야 할 것이다. 어떻게 보면 법인 투자자에게 '마이너스 주식 통장'을 개설해준 것으로 볼 수 있다.

주식은 하락에 베팅할 수 없는 '현물 자산'이다. 아파트를 사면서 가격이 내리길 바라는 사람은 없는 것과 마찬가지다. 가격이 충분히 내렸다고 생각이 되었을 때 매수해 가격이 상승한 뒤 매도해서 이익을 남긴다. 그런데 직원들 월급도 줘야 하는 투자 법인은 주가가 하락하는 기간 동안 마냥 기다릴 수 없다. 하락장에서도 돈을 벌어야 한다.

파생 상품을 활용하지 않고 하락에 베팅할 수 있는 방법이 공매도다. 1만 원짜리 주식 한 주를 빌려 이를 매도한 뒤 주가가 하락해 5000원이 되었을 때 주식을 사서 갚으면 5000원의 수익을 낼 수 있다.

공매도가 주가 하락을 부추긴다는 지적이 있다. 얼핏 생각하기에도 하락장에서 공매도는 주가 하락을 가속화하는 효과가 있다. 그런데 주가 하락의 원인이 공매도 때문만은 아니라는 반대 의견도 있다.

주가가 하락할 때는 이유가 있다. 거시 경제적 요인이나 산업 혹은 기업의 이슈로 하락하게 되는데, 어차피 하락할 주식이므로 공매도가 하락 요인을 미리 반영한 것으로 보는 시각이 있다. 공매도가 주가 하락의 원인이 아니라, 어차피 하락할 주가였기 때문에 미리 공매도를 했다는 얘기다. 주가가 10일에 걸쳐 하락할 것을 공매도가 하락을 가속화해 5일 만에 하락하도록 해 오히려 하락 기간을 줄이는 효과도 있을 수 있다.

그럼 하락장에서 공매도만 할 수 있다면 무조건 돈을 벌까? 하락장에 베팅했는데, 예측이 잘못되어 주가가 상승세를 타면 어떻게 될까? 그때는 공매도 했던 세력들이 주가가 오르기 전에 빨리 주식을 사서 갚아야 하므로, 매수세가 몰려 주가 상승을 더 빠르게 만들기도 한다.

개인 투자자는 공매도가 불가능하지만, 대주 거래는 가능하다. 대주 거래란 주식이 없는 상태에서 증권사에서 주식을 빌려 먼저 팔고 나중에 채워 넣는 방식이다. 대주 거래는 신용이 있는 법인에만 가능하지만, 미리 증거금을 내고 주식을 빌린다면 개인도 가능하다. 주식을 빌리는 것이므로, 나중에 주식으로 갚으면 된다. 즉, 주식이 1만 원일 때 빌려서 팔고 5000원으로 하락했을 때 갚아도 무방하다는 뜻이다.

다만 현재 국내에서 개인이 대주 거래를 할 수 있는 주식은 한정돼 있다. 모든 종목을 대주 거래 할 수 있는 것이 아니다. 시가 총액 상위권 기업은 그리 많지 않고, 유명하지 않은 기업이 많은 편이다. 그냥 둬도 거래량이 많은 기업은 굳이 대주 거래를 허용할 이유가 없고, 거래량이 많지 않은 기업은 개인에게 대주 거래를 허용해 조금이라도 거래량이 많아지길 바라는 것이다.

대주 거래 또한 정해진 기한 내에 주식으로 빌린 주식을 갚아야 한다. 그런데 전업 투자자도 아닌 개인 투자자가 주가의 하락과 상승을 예측하기란 쉽지 않다. 개인 투자자는 하락장에 '존버(×나게 버팀)' 하는 것이 익숙하기 때문에 하락장에 베팅하는 대주 거래가 맞지 않을 수 있다.

펀드:
주식 모르면 닥치고 펀드

주식에 투자하고 싶은데 주식에 신경 쓰기 싫은 이들을 위해 나온 것이 펀드다. 펀드는 전문가가 주식을 대신 운용해주는 상품이다.

펀드가 주식에 직접 투자하는 것보다 좋은 점은 주가에 일희일비하지 않고 저축하듯 일정액을 불입하면 된다는 점이다. 본질적으로는 '투자'지만 행태적으로는 '저축'에 가깝기 때문에 대하는 마음가짐이 달라진다. 주식에 직접 투자하는 것은 심장이 두근거리기 때문에 제정신으로 투자를 할 수 없다는 점, 조금만 오르면 가격이 하락할까 봐 금방 팔아버리는 조급함, 마이너스가 된 이후에는 더 큰 손실을 보면서도 팔지 못하는 회피 심리 때문에 어렵다. 펀드는 그런 심리적 어려움을 전문가에게 맡기는 것이다.

대신 어떤 펀드를 선택하는지는 자신의 몫이다. '삼성그룹주 펀드'처럼 특정 그룹에 투자하는 펀드인가, '반도체주 펀드'처럼 특정 산업에 투자하는 펀드인가, '저평가 가치주 펀드'처럼 유망한 기업에 투자하는 펀드인가를 스스로 정해야 하므로 어쨌든 주식 시장에 대한 공부는 필요하다.

은행이나 증권사가 추천하는 펀드도 있는데, 함정이 있다. 금융사에서 정책적으로 밀어줘야 하는 펀드나, 갓 출시되어 짧은 시간에 많은 가입자를 모아야 하는 프로모션이 걸린 펀드 등을 추천할 수 있기 때문이다. 그런 펀드들은 고객을 위한 펀드가 아니라 판매사와 운용사의 내부 사정을 위한 펀드일 확률이 높다. 이를 판단할 수 있는 안목은 갖추는 것이 좋다. 펀드의 종류를 다음과 같이 나눠볼 수 있다.

주식형 vs 채권형

대개 펀드라고 말할 땐 주식형 펀드를 말한다. 주식을 직접 사서 투자하려면 종목 선정과 매매 타이밍 등 신경 쓸 것이 많고, 인내심을 갖고 장기로 투자하기도 쉽지 않다. 이럴 때 전문가에게 주식 운용을 맡길 수 있으면 어떨까? 그게 주식형 펀드다.

펀드는 주식에만 투자하는 것이 아니다. 채권에도 투자한다. 채권의 특징은 안전성이다. 국민연금 포트폴리오를 보면 채권 43.1퍼센트, 주식 46.0퍼센트, 대체 10.9퍼센트(2021년 6월 말 기준)다. 개인이 채권을 직접 사서 투자하기가 쉽지 않기 때문에 채권에 투자하고 싶다면 채권형 펀드를 가입하면 된다.

주식형 펀드와 채권형 펀드가 혼합된 것을 혼합형 펀드라고 부른다. 채권형 펀드의 안전성과 주식형 펀드의 수익률을 동시에 추구하는 상품이다. 펀드에 가입하려고 하면 상품 설명서를 확인해 나의 자산이 어디에 얼마만큼 투자되는 것인지 확인할 필요가 있다.

'대체 투자'라는 것은 원유나 금과 같은 실물 자산, 부동산, 파생 상품처럼 '주식과 채권을 제외한' 모든 상품을 말한다. 대체 투자 각각의 자산은 같은 카테고리로 묶기 어려울 정도로 성질이 다르지만, 주식과 채권 비중이 압도적이다 보니 그 외의 것들을 뭉뚱그려 '대체 투자'라고 부른다.

거치식 vs 적립식

돈을 맡기는 방식에 따라 구분하는 방식이다. 거치식은 목돈을 한꺼번에 맡겨두는 방식이고, 적립식은 일정한 기간마다 돈을 투자하는 방식이다. 거치식은 예금, 적립식은 적금과 납입 방식이 동일하다.

펀드 투자의 장점으로 '장기 적립식 투자'가 가능하다는 점을 든다. 주가가 장기적으로 상승한다는 가정하에 매월 주식을 매입하면, 단기 조정 기간은 주식을 싸게 매입할 기회가 된다. 적립식 투자에서는 주가 하락을 '할인 판매'로 여기게 되니 마음이 편하다. 주가가 영원히 하락하진 않는다고 가정하면 투자 기간이 길어질수록 이익을 낼 확률이 높은 투자 전략이다.

펀드의 판매 수수료, 운용 수수료가 아까우면 개인이 직접 개별 주식을 '장기 적립식'으로 매수해도 효과는 동일하다. 그러나 앞서 말했듯, 주가의 변동은 심장을 두근거리게 하고 정신을 혼미하게 만들므로 개인이 주가 하락을 감내하면서 장기적 비전을 갖고 직접 투자를 하기는 쉽지 않다.

액티브 vs 인덱스

코스피에 상장된 모든 종목을 1주씩 펀드에 담으면 어떤 결과가 될까? 코스피 지수에 투자한 것과 동일한 효과를 얻을 것이다. 모든 종목의 평균이 코스피이기 때문이다. 실제로 코스피 지수처럼 특정한 지수 index를 하나의 종목처럼 추종하는 펀드를 '인덱스 펀드'라고 한다.

반대로 특정 종목들만을 편입해 시장 평균 이상의 수익률을 추구하는 펀드를 '액티브 펀드'라고 한다. 그런데 '액티브 펀드'의 상대어는 '패시브 펀드'일 것 같은데, 왜 인덱스 펀드라 부를까? 그건 인덱스 펀드라는 개념이 먼저 생기고, 이에 대한 상대어로서 액티브 펀드를 지칭했기 때문이 아닐까라고 추정한다.

인덱스 펀드라고 해서 상장된 모든 주식 종목을 사는 것은 아니다. 대표적인 상위 종목만으로도 코스피 지수에 가깝게 만들 수 있다. 국내 코스피 상장사 수는 799개(2019년 말 기준)지만, '코스피 200'에 속한 200개 기업의 시가 총액은 전체의 70퍼센트를 차지한다. 2019년 말 삼성전자 한 종목의 시가 총액이 전체 코스피 시장에서 차지하는 비중은 21.0퍼센트(보통주 기준)다. 제한된 상위 종목만으로도 평균에 가까운 결과를 만들 수 있다.

액티브 펀드라 할지라도 장기 수익률은 인덱스 펀드에 수렴하며,

오히려 인덱스 펀드의 수익률이 액티브 펀드보다 좋다는 연구 결과도 있다. 원숭이가 인덱스 펀드를 운용하고 사람이 액티브 펀드를 운용했더니 10년 뒤 원숭이의 수익률이 더 좋았다는 우스갯소리도 있다.

국내형 vs 해외형

베트남의 경제성장률이 높으니 장기적으로 한국보다 투자 수익률이 좋을 것이라고 가정하자. 베트남에 투자하려면 어떻게 해야 할까? 지금은 국내 증권사가 HTS를 통해 애플, 아마존과 같은 미국 주식에 직접 투자할 수 있도록 서비스를 제공하지만, 베트남과 같은 개발도상국의 주식은 직접 투자가 어렵다. 베트남 증권사에서 계좌를 트고 현지 증권사가 제공하는 HTS를 깔기에는 언어도 모르고 현지 기업도 생소하다. 현재로서는 베트남에 투자할 방법은 펀드밖에 없다.

매입 자산을 국내 주식·채권으로 한정하면 국내형 펀드, 해외 주식·채권에 투자하면 해외형 펀드다. 해외 주식에 투자할 때의 장점은 국내보다 성장률이 높은 개도국에 투자할 수 있고, 선진국 중에서도 애플, 테슬라, 아마존 같은 촉망 받는 기업에 투자할 수 있다는 점이다. 펀드 투자를 고민한다면 시야를 국내뿐만 아니라 한번쯤 해외로 돌려볼 만도 하다.

해외형 펀드 가입 시 주의할 점은 환율이다. 펀드에서 이익이 났는데, 환율 변동으로 손해를 보는 경우도 있다. 그나마 달러로 환전되는 펀드는 변동성이 작은데, 과거 인기 있던 브라질 펀드처럼 화폐 안정성이 떨어지는 국가에 투자할 때는 환율을 염두에 둬야 한다. 2018년 국내 자산 운용사가 판매한 브라질 펀드의 경우 투자한 건물 가격은 20퍼센트 가까이 올랐으나 브라질 화폐인 헤알화 가치가 50퍼센트 이상 하락하면서 펀드를 설정한 후 6년 사이에 마이너스 70퍼센트의 손실을 입은 바 있다.

유가 증권 vs 실물 자산

주식·채권처럼 유가 증권에 투자하는 펀드가 일반적이지만, 금·원유·철광석 등 실물 자산에 투자하는 펀드도 있다. 펀드를 만들고 판매하는 금융 회사 입장에서는 펀드를 파는 '마트'에 되도록 많은 상품을 구비하려고 하기 때문에 유가 증권 외에도 다양한 상품군을 만들어서 판다.

금융 위기가 닥쳐 돈을 많이 푼다든지, 전쟁 위기가 닥쳐 안전 자산에 대한 선호도가 높아지면 금 가격이 오른다. 일반인이 직접 금덩어리를 사서 집에 쟁여놓을 수는 없으니 펀드를 통해 간접적으로 펀드에 투자할 수 있다. 원유, 철강, 구리, 알루미늄, 희토류, 부동산 등 실물 자산의 종류는 다양하다. 부동산도 실물 자산에 포함된다.

펀드 상품군에서 유가 증권의 비중이 높기 때문에 유가 증권 아닌 자산은 '실물 자산'에 뭉뚱그려 포함시키는 경향이 있다. 유가 증권이 아닌 실물 자산에 투자하는 것을 '대체 투자'로 부르기도 한다.

직접형 vs 간접형

앞서 해외 투자 펀드를 설명할 때 베트남에 투자하는 펀드를 언급한 바 있다. 그런데 한국의 자산 운용사가 베트남 펀드를 만들 때 직접 베트남의 주식을 살 수도 있겠지만, 더 쉬운 방법은 베트남 기업의 주식에 투자된 펀드를 매입하는 것이다.

2000년대 중반에 '브릭스BRICs'라는 말이 유행했다. 브라질, 러시아, 인도, 중국의 4개국이 대표적인 고성장 국가로 꼽히던 시절이다. 이 시기 나도 국내에서 판매하는 브릭스 펀드에 투자했다. 운용 보고서를 보니, 브릭스 4개국의 기업 주식을 직접 구매하는 것이 아니라 브라질에 투자한 펀드, 러시아에 투자한 펀드, 인도에 투자한 펀드, 중국에 투자한 펀드를 각 25퍼센트씩 구매해서 펀드의 기초 자산으로 구성한 것이었다. 이런 식의 펀드를 '펀드 오브 펀드' 혹은 '간접 펀드'로 부른다. 반대로 펀드가 주식을 직접 매입해 자산으로 보유하면 직접형 펀드로 불린다.

공모 펀드 vs 사모 펀드

불특정 다수에게 판매하는 것을 '공모 펀드', 특정한 사람에게 판매하는 것을 '사모 펀드'라고 한다. 과거에는 사모 펀드를 특정 계층의 전유물처럼 여겼지만, 금융 당국이 금융 산업 발전의 일환으로 사모 펀드 활성화를 위해 2015년 최소 투자액을 5억 원에서 1억 원으로 낮췄다.

원금을 전액 손실 본 독일 국채 DLF는 사모 펀드였는데, 1억 원짜리 정기예금을 해약한 고객을 타깃으로 PB 센터에서 집중적으로 영업했다. 금융 당국이 사모 펀드의 문턱을 낮춘 것을 두고 소비자 보호에 역행하는 것으로 비난받기도 했다. 사모 펀드의 취지는 자금력과 전문성을 갖춘 투자자만 허용하겠다는 의도였는데, 진입 장벽을 낮추니 공모 펀드처럼 불특정 다수에게 판매되는 부작용을 불러왔다.

ETF:
'펀드'는 벌크 판매, 'ETF'는 개별 포장

앞서 주식 투자 초보자들이 종목 선택에 어려움을 겪을 때 입문용으로 ETF를 소개한 바 있다. ETF Exchange Traded Fund는 이름 그대로 '거래소 exchange에서 거래 trade되는 펀드 fund'를 말한다. 이름이 복잡해서 그렇지 상품의 구성 원리는 간단하다. 펀드를 n분의 1로 쪼개서 주식종목의 하나로 파는 것이 ETF다. ELS와 이름이 헷갈릴 만한데, 해장국과 까르보나라처럼 완전히 다른 상품이다.

이름도 어렵고 내용도 복잡한데, ETF 같은 걸 왜 만들까라는 의문이 생길 것이다. 금융 상품처럼 무형의 상품이든, 마트에서 파는 유형의 상품이든 판매 경로를 늘리면 판매량 증가에 도움이 된다. 더구나 무형의 금융 상품은 포장을 '소분'해도 추가적인 포장·보관·배송

비용이 발생하지 않는다.

ETF도 펀드의 일종이므로 일반 펀드처럼 다양한 상품군이 있다. 채권형·주식형·혼합형, 국내형·해외형, 인덱스형·액티브형 등으로 구분할 수 있다.

일반 펀드에는 없고 ETF에만 있는 차별화된 상품도 있다. 대표적인 것이 '레버리지 펀드'와 '리버스 펀드'다. 레버리지 펀드는 주가가 동일한 자산에 투자했을 때의 시장 평균보다 두 배로 오르는 펀드다. 대신 주가가 내릴 때도 두 배로 내린다. 고수익에는 항상 고위험이 따른다.

리버스 펀드는 주가가 상승하면 손해를 보고 주가가 하락하면 이익을 보는 상품이다. 주가의 흐름과 반대 방향으로 이익과 손실이 정해진다. 장기적으로 주가 하락이 예상된다면 리버스 펀드를 구매하면 된다. 레버리지 펀드와 리버스 펀드가 가능한 이유는 파생 상품의 원리를 활용해 설계됐기 때문이다.

막상 ETF를 사려면 어떤 것을 사야 할지 혼란스러울 수 있다. ETF에는 판매사마다 브랜드가 있다. 대표적인 브랜드로는 삼성자산운용의 'KODEX', 미래에셋자산운용의 'TIGER', 키움자산운용의 'KOSEF' 등이 있다.

삼성자산운용의 KODEX 웹사이트에는 주간 수익률이 가장 높은 세 종목을 종류별로 공개하는데, '국내 주식 시장 지수' 항목에 공개한 사례를 보면, 'KODEX 200 ex TOP(초대형주를 제외한 KOSPI 200 종목에 투자)', 'KODEX 코스피 TR(코스피 지수에 투자하면서 배당

수익의 재투자 효과도 함께 누림)', 'KODEX 코스피(코스피 전 종목으로 구성)' 순이었다(2021년 10월 4일 기준).

미래에셋자산운용의 TIGER 웹사이트에는 기간별 수익률이 가장 높은 세 종목을 볼 수 있는데, 3년 동안 수익률이 가장 좋았던 세 종목은 'TIGER 2차 전지 테마(한국 2차 전지 밸류 체인에 분산 투자)', 'TIGER 200 IT 레버리지(코스피 200 정보 지수 일간 수익률의 양의 2배수 수익률을 추구)', 'TIGER 차이나 CSI 300 레버리지(합성)(중국 본토 A주로 구성된 CSI 300 지수 일간 수익률의 양의 2배수 수익률을 추구)' 순이었다(2021년 10월 4일 기준).

키움자산운용의 KOSEF 웹사이트는 첫 화면에 수익률 최고 종목을 제시하지 않고 있다. 여기서 언급한 종목은 ETF를 설명하기 위해 특정 시점에 화면에 뜬 사례를 예시로 든 것으로, 시기별로 다를 수 있고, 항상 수익을 보장하는 것이 아니며, 독자에게 추천하는 것도 아님을 밝혀둔다.

ELS, DLS:
'순정남'인 줄 알았는데 '괴물남'

머리가 아파오지만 ELS를 설명하지 않을 수 없는 이유는, 금융사에서 '중위험 중수익 상품'으로 소개되며 제법 많이 팔리는 상품이기 때문이다. 물론 '괜찮은 수익'이란 은행 저축 상품 등에 비해 조금 더 높은 수익률을 말하는 것이지, 로또 복권처럼 대박을 노리는 투자는 큰 손실을 볼 가능성이 있음을 잊지 말자.

2019년 피해자를 양산하면서 독일 국채 투자 DLF가 유명해졌지만, DLF의 뿌리는 ELS다. ELS는 '주식equity에 연계된linked 유가증권security'이다. 연계된 자산이 금, 원유, 농산물, 국채 등 '현물 주식'이 아닌 경우에는 'E' 대신 'Dderived'를 붙인다. ELS가 메인이고, DLS는 스핀오프spin-off 격이다.

본질은 하나, 껍데기만 다른 ELS 상품들

	유가 증권에 투자 Equity	유가 증권 외에 투자 Derived
단일 상품 Security	ELS	DLS
펀드 상품 Fund	ELF	DLF
신탁 상품 Deposit	ELD	DLD

이름은 다르지만 수익을 추구하는 방식은 동일한 상품들이다.

이렇게 분류하는 이유는 주식 등 유가 증권을 기초 자산으로 하는 ELS가 상당 부분을 차지하고, 주식 이외의 것을 기초 상품으로 하는 경우 일일이 이름을 붙여주기가 복잡해져 DLS로 통칭하는 것이다. 다음에 나오는 ELS, ELF, ELD, DLS, DLF, DLD는 이름은 다르지만 같은 부류로 볼 수 있다. 자동차로 치면 동일한 엔진과 뼈대로 아반떼와 케이스리(K3)를 만들고, 각 차마다 기본 사양, 중간 사양, 고급 사양으로 나눈 것과 비슷하다.

개별 ELS를 모아 펀드를 구성하면 'S'를 떼고 'F$_{fund}$'를 붙여 ELF가 된다. 마찬가지로 DLS로 펀드를 구성하면 DLF가 된다. DLF 사태 때 은행 PB 센터에서 사모 펀드 형식으로 소수의 고객을 대상으로 판매했다. 여기에는 사모 펀드 투자 최저한도를 5억 원에서 1억 원으로 낮춘 법규가 한몫했다. 금융 당국이 사모 펀드 활성화를 위해 규제를 완화한 결과다. DLF 사태 피해자들의 투자액이 1억 원 이상인 이유가 여기에 있다.

ELS 계열의 상품은 파생 상품인 '옵션'의 원리를 이용한다. 옵션의 원리는 보험과 비슷하다. 보험에 가입하는 이유는 질병, 사고, 사망 등이 발생했을 때 치명적인 금전적 손실을 방어하기 위한 것이다. 대신 아무 일이 일어나지 않으면 보험료는 돌려받지 못한다. 보험사는 보험금을 지급할 일이 생기지 않으면 보험료를 고스란히 수익으로 남길 수 있다.

같은 원리로, 옵션 구매자는 금융 시장이 급변하는 것에 대비하기 위한 보험 용도로 옵션을 구매했지만, 아무 일도 벌어지지 않으면 옵션 비용은 소멸된다. 반면 옵션 판매자는 옵션 판매금을 수익으로 취하게 된다.

독일 국채에 투자한 DLF의 경우, 국내 투자자가 보험사의 역할을 했다. 독일 국채 가격에 큰 변동이 없으면 '보험료'에 해당하는 옵션 가격을 국내 투자자가 수익으로 취하게 된다. 그런데 태풍이 불어 모든 것을 날려버리듯, 금융 불안으로 독일 국채 가격이 폭락하면 옵션 매입자가 손해를 책임져야 한다. 순수 옵션 상품이라면 손해율은 옵션 가격 이상이 될 수도 있다.

2008년 리먼 사태 때는 옵션 매도를 잘못한 해외의 한 금융사가 천문학적 손실을 입고 파산하기도 했다. ELS의 경우 일반 소비자는 자신이 투자한 금액 이상으로 손해를 물진 않으므로 손실률은 100퍼센트에 한정된다.

2019년 국내에 수많은 피해자를 양산한 'DLF 사태'를 살펴보자. DLF를 판매한 은행은 '천재지변이 발생하지 않는 한' 손해를 볼

테슬라 스타벅스

조건 충족 시
(세전 연) **22%**

만기1년, 조기상환주기3개월

종목명 : 제52회 뉴글로벌100조 ELS
조건 미충족 시 : -100%~-25%
기초자산 : 테슬라, 스타벅스

※ 예금자보호법상 보호상품 아님 / 기초자산 변동 및 발행사(키움증권 신용등급: AA-, 2019.06.27
한국신용평가) 신용위험(부도 또는 파산 등)에 따른 원금손실 가능 / 투자 전 설명 청취 · 청약의
권유는 (간이)투자설명서에 따름 ※ AAA / AA · A · BBB 각 +,0,- 순으로 투자적격등급 구분

테슬라, 스타벅스 주가에 연계된 ELF 상품. 조건 미충족 시 최대 100퍼센트의 손실을 볼 수 있다
는 고지가 있다.

일이 없다거나, '독일이 설마 망하겠어요'라는 식으로 설명했다. 독일
채권 금리가 일정 수준 이하로 낮아지지 않으면 약정된 금리의 수익
을 제공하는 상품이다.

그런데 상상하지 못한 일이 발생했다. 독일 국채 금리가 위험 구
간 내에 진입할 정도로 낮아져버린 것이다. DLF를 판매한 은행은 "천
재지변이 발생해 어쩔 수 없다"고 해명했지만, 구매자들은 "저들한테
만 천재지변이지, 무슨 천재지변이 발생했느냐"고 목소리를 높였다.

DLF와 같은 상품은 대체로 안정적인 금융 시장에서 안정적으로
수익을 올리는 상품이다. 큰 사고가 일어나지 않는 안정적인 조건에
서 보험사가 이익을 내는 것과 비슷한 원리다. 독일 국채 금리를 기초

자산으로 하는 DLF 외에도 현재 무수한 DLF와 ELF 상품이 판매되고 있고, 그간 판매한 DLF에서도 이와 같은 큰 사태가 발생하지 않았다. 2019년의 'DLF 사태'는 금융 시장 종사자들도 어쩔 수 없는 예외적인 상황인 것은 맞다. 문제는 이런 위험성을 고객에게 제대로 설명하지 않고 판매했다는 데 있다.

요즘 은행 홈페이지에는 금융 상품들이 인터넷몰처럼 정리돼 있다. 그중 ELS 분류를 보면 '기초 자산: 코스피 지수와 홍콩 항셍 지수'라는 식으로 어디에 투자된 상품인지가 나온다. 한국의 코스피와 홍콩 항셍 지수 둘 다 정해놓은 구간을 벗어나지 않으면 기대 수익을 얻는 상품이다.

개인의 투자 포트폴리오 측면에서 보면, 전체 투자 자산에서 ELS 상품의 비중은 대개 10~20퍼센트 정도로 투자하는 것이 보통이다. 은행 PB 센터나 증권사 WM 센터에 자산 관리를 의뢰하면 일반적으로 50~60퍼센트를 예금이나 채권 등의 안전 자산에, 10~20퍼센트를 저축보험처럼 장기 비과세 상품에, 또 10~20퍼센트를 ELS와 같은 중위험 중수익 상품에, 나머지 10~30퍼센트를 주식이나 펀드와 같은 위험 자산에 투자하는 포트폴리오를 권유한다.

'투자 상품'에 100퍼센트 안전한 것은 없으므로 '몰빵'을 하지 말고 위험을 적절히 분산해야 한다. 국내에서 이슈가 된 DLF 사태는 상품 자체의 문제라기보다 위험 자산 투자는 1도 고려하지 않은 주부 등을 대상으로 안전 자산인 것처럼 판매한 불완전 판매가 문제였다.

골프와 주식 투자:
고수일수록 무용담을 아낀다

골프 유머 중에 '골프의 4단계'가 있다. 첫째, 골프를 갓 배우기 시작한 사람은 골프에 대해서만 얘기한다. 둘째, 골프에 재미를 느끼기 시작한 단계에선 어떻게 하면 골프를 잘 칠 수 있는지를 얘기한다. 셋째, 골프를 어느 정도 치면 골프를 '조금 친다'고 얘기한다. 넷째, 골프를 오랫동안 치고 나면 골프를 '못 친다'고 얘기한다.

보디빌딩 초보자는 1년만 열심히 운동해도 '몸짱' 소리를 들을 정도로 성장한다. 그런데 똑같은 방식으로 1년을 더 운동했을 때는 근육량이 이전만큼 늘지 않는다.

또한 1년 뒤부터는 자신보다 몸이 더 좋은 사람들을 비교 대상으로 삼기 때문에 장점보다 단점이 많이 보이게 된다. 그렇게 몇 년을 더 운동해도 프로 선수들만큼 되지 못한다는 자각이 오면 '난 여기까지인가'라는 좌절에 빠지게 된다. 물론 좌절을 딛고 취미로 열심히 계속할 수도 있고 재미가 사라져서 포기할 수도 있다.

골프의 경우에도 시작하는 단계에선 조금만 연습해도 기량이 쑥쑥 늘어나므로 자신감과 희망으로 재미가 넘쳐난다. 하지만 기본적인 자세를 익히고 난 뒤에는 실력의 한계에 부딪히게 된다. 연습한다고 실력이 계속 는다면 누구나 올림픽 금메달을 딸 것이다. 경험이 늘수록 자신보다 잘 치는 사람이 너무 많다는 사실을 깨달으면서 '조금 친다'고 하게 된다. 그러니 마지막에는 '못 친다'고 말할 수밖에.

주식 투자도 마찬가지다. 처음에는 주식 투자 얘기만 하고, 그 다음에는 어떻게 하면 주식 투자를 잘하는지를 얘기한다. 그러나 몇 년 하고 나면 쉽지 않음을 깨달으며 '하긴 하는데, 조금 한다'고 하고, 10년이 넘으면 '못 한다'고 할 것이다. 가끔 주식 투자를 처음 한 사람이 작은 성공에 도취해 장밋빛 미래를 확언하는 것을 듣게 된다.

최근 주식에 입문한 친구가 돈 좀 벌었다고 자랑하듯 말했다. "얼마 벌었는데?"라고 물었더니, 20만 원이라고 했다. 그런 사람이 주식 투자를 권유하면 듣지 말길 바란다. 큰 실패를 맛보지 않고선 주식 투자를 안다고 말할 수 없다. 개인적으로 주식 투자로 1000만 원 이상 손해 보지 않은 투자자가 하는 말은 귀담아 듣지 않을 것 같다.

3
장

부동산
내 집 마련하기

부동산 투자:
두드리지 않으면 문은 열리지 않는다

드디어 부동산이다. 주식과 펀드에 관심 없는 사람은 많지만 부동산에 관심 없는 사람은 아무도 없다. 집은 투자 대상이기 전에 삶의 기본 터전이기 때문이다. 일생 동안 주식이나 펀드를 거래하지 않은 사람은 많지만, 부동산을 매매든 임대든 거래하지 않은 사람은 없을 것이다.

집은 어떻게 사는 것일까? 과연 내가 집이란 것을 마련할 수 있을까? 부모님은 집을 어떻게 마련했을까? 무수한 경우의 수가 있겠지만, 내가 집을 구매한 사례를 소개해볼 테니 참고하기 바란다. 불과 10여 년 전까지의 일로, 지금은 상황이 많이 바뀌긴 했지만.

내가 집을 산 것은 2009년 9월로, 서른다섯 살 때다. 나는 재수

해서 대학에 들어갔고 영화 교육 기관, 영화 제작 현장을 거치며 20대의 많은 시간을 보냈다. 그러다 보니 서른을 눈앞에 둔 스물아홉 살이 되어서야 비로소 취업을 준비했다.

다행히도 서른 살을 두 달 반 앞둔 시점에 가까스로 언론사 취업에 성공했다. 취업해서 5년 반 동안 모은 돈으로 서울 서쪽 지역의 80제곱미터대(20평대, 공급 면적 기준) 아파트를 샀다. 전세를 끼고 또 어머니의 돈을 빌렸지만, 내 명의였다. 등기를 마친 뒤 부동산 등기부에는 내 이름이 소유자로 등재됐다.

당시 집의 필요성이 절실하진 않았다. 부동산에 관심이 많지 않았고, 모은 돈도 적어 집을 사는 것은 남의 일이라고 생각했다. 막연하게 언젠가 집을 사야 한다는 의무감은 있었지만, 당장 집을 사겠다고 마음먹게 된 계기는 경제·경영 매체의 기자라는 직업 때문이었다. 거시 경제 관련 기사도 쓰지만, 필요에 따라 주식 투자와 부동산 투자 전략도 썼다. 물론 기자가 전문가는 아니니 유명한 부동산 전문가들에게 조언을 듣고 쓰는 기사였는데, 그럼에도 부끄러움이 남았다.

부동산 투자도 안 해본 기자가 '부동산 투자 ABC' 같은 재테크 전략 기사를 쓴다는 것이 스스로를 속이는 기분이었다. 골프도 안 치면서 골프 전문가처럼 글을 쓰는 기분이랄까. 물론 언론계에는 골프를 전혀 치지 않으면서 골프 관련 책을 낸 기자가 있다는 전설도 전해진다. 기자는 스스로 전문가가 아니라, 전문가들과의 네트워크를 잘 구축해놓고 필요할 때 적절한 전문가의 조언을 이용해 독자들에게 이해하기 쉽게 전달하는 사람이다.

주식 투자는 사회 초년생일 때부터 했기 때문에 주식 관련 기사는 맛깔나게 쓸 자신감이 있었다. 그런데 부동산 관련 기사는 '썰'을 풀 수가 없고, 실감하지 못하는 내용을 무미건조하게 옮기는 정도에 그쳐야 했다. 의학 관련 드라마의 대본을 쓰는 작가가 완성도를 높이기 위해 의사와 인터뷰하고 수술실을 견학하는 것처럼, 부동산 투자라는 것을 경험해보고 싶은 마음이 컸다.

마침 집을 사기 좋은 기회가 왔다. 내가 집을 산 것은 2009년 9월로, 미국에서 리먼 사태가 터진 2008년 9월 15일(미국 시간 9월 14일)로부터 1년이 된 시점이었다. 급락했던 부동산 가격은 2009년 초부터 서서히 회복했다. 6개월 정도 빨리 샀다면 5000만 원은 더 싸게 살 수 있었겠지만, 투자에서 그런 후회는 아무 소용없는 짓이다.

어떤 이는 자기가 사려는 가격에서 5000만 원이 올랐다고 매수를 포기하지만, 앞으로 5000만 원 이상 오를 것이라고 예상되면 사는 것이 결론적으로 이익이다. 투자는 앞을 보고 하는 것이지, 지나간 것을 보고 하는 것이 아니다.

이런 얘기를 하는 사람이 있다. "작년에 누가 어떤 종목을 추천했는데, 1년 지난 지금 주가가 세 배로 올랐다. 거기에만 투자했어도 대박인데." 하나 마나 한 소리다. 그렇다면 지금 누군가 '정말 좋은 종목'을 추천한다면 투자할 것인가? 전 재산을 '몰빵' 할 수 있는가? 역시나 불확실성 때문에 투자를 주저할 것이다. '그때 샀어야 했다'는 후회는 언제나 지나고 나서야만 알 수 있다. 떠나간 버스는 쳐다보지 않는 것이 좋다.

다시 아파트 구매기로 돌아가서, 국내 대부분의 아파트는 'KB부동산'에 시세가 비교적 정확히 나온다. 2009년 내가 산 공급 면적 85제곱미터의 매매 시세는 2억 7000만 원, 전세 시세는 1억 3000만 원이었다. 1억 4000만 원이 있으면 '전세를 끼고' 그 아파트를 살 수 있었다.

내가 모은 돈 8500만 원에 어머니가 가진 돈 6000만 원을 동원했다. 5년 반 모은 것 치고는 8500만 원은 많은 돈이 아니었지만, 그 사이 자동차도 사고 주식 투자로 손실 본 것도 있었다. 그러나 출고 후 12년 넘은 중고차를 60만 원에 샀고, 주식 투자도 작전주에 몰빵한다든지 하는 무리수를 두지 않았기 때문에 큰 손실은 입지 않았다. 어머니에게 빌린 돈은 몇 년 뒤 갚았다.

나의 사례가 일반적이라고 할 수는 없다. 우선 내가 서울에서 부모님과 함께 살았기 때문에 전세를 끼고 집을 살 수 있었다. 구매한 집에서 살지 않아도 되니 '갭 투자'가 가능했다. 나의 사례처럼 전세를 끼고 집을 사는 것을 통칭 갭 투자라 부른다. 당시에는 1가구 다주택에 대한 규제가 많지 않았다.

부동산 관련 세금은 네 가지인데, 지방세인 취득세와 재산세, 국세인 종합부동산세와 양도소득세가 있다. 지방세와 국세를 구분하는 이유는, 다주택 적용 등의 기준이 완전히 다르게 적용되기 때문이다.

취득세는 2020년 7월 10일부터(7·10 대책) 가구당 2주택의 경우 8퍼센트, 3주택 이상인 경우 12퍼센트가 부과된다. 2009년에는 3주택까지 누적 개념 없이 개별적으로 1~3퍼센트(가격에 따른 요율)

부동산 관련 세금

구분	지방세		국세	
종류	취득세	재산세	종합부동산세	양도소득세
다주택자 구분	구분	구분 안 함	구분	구분

※ 취득세의 경우 2020년 7월 10일부터 다주택자 구분.

였다. 재산세는 지금도 가구 수 합산은 하지 않는다.

국세인 종합부동산세는 현재 다주택인 경우 공시 가격 6억 원까지, 1주택인 경우 11억 원까지 공제된다. 2주택자인 경우 공시 가격이 7억 원이면 6억을 공제한 1억 원에 대해 종부세를 내야 한다. 양도소득세도 공제액이 줄면서 다주택자에 대한 규제가 강화됐다.

지금은 부모님과 함께 사는 직장인 자녀가 갭 투자로 집을 사기 어려운 조건이 되었다. 하지만 부동산 정책은 2~3년 사이에도 극과 극으로 바뀌기 때문에 꾸준한 관심은 계속 가질 필요가 있다. 최근 부동산 관련 기사에 사진이 필요해 '미분양' 키워드로 검색하다가 2016년 2월의 사진을 발견했는데, 사진 설명을 보니 '역대급 미분양이 발생'했다고 나와 있었다. 사진을 검색한 시점이 2021년이니 불과 5년 전에는 미분양이 쏟아지며 부동산 가격이 지지부진했다. 그렇게 잠잠하던 아파트 가격은 2018년부터 급속히 올라 서울 지역의 경우 웬만한 아파트는 세 배가량 가격이 올랐다.

이 이야기를 하는 이유는 부동산 시장은 3~5년 만에도 언제 그랬냐는 듯 완전히 분위기가 바뀔 수 있다는 것이다. 물론 정부의 부동산 정책에 가장 영향을 받지만, 정부의 성향이 바뀌면 순식간에 부동산 시장의 분위기가 달라질 수 있다. 투자를 할 때는 지금의 분위기에 휩쓸리기보다 앞을 내다보는 것이 현명하다.

LTV, DTI:
'T'는 가운데에 위치한다

10억 원짜리 집이 있는데, 은행에서 10억 원을 빌릴 수 있다면 '내 돈' 하나 없이 집을 살 수 있다. 그런데 은행에서 집값만큼 대출을 해주지 않는다. 해주고 싶어도 못 한다. 정부에서 규제하기 때문이다. 그럼 얼마나 빌릴 수 있을까? 이를 나타내는 수치가 LTV다.

LTV가 60퍼센트면 집값의 60퍼센트까지만 대출이 가능하다. 나머지 40퍼센트는 자기 돈을 갖고 있어야 한다. 다만 60퍼센트는 주택 담보 대출(주담대)에 대한 것이고, 주담대 외에 신용 대출은 별도다. 의사나 변호사 같은 전문직에 2억 원까지 신용 대출을 해주었는데, 전문직들이 신용 대출을 집 사는 데 활용하자 신용 대출을 1억 원 이하로 규제하기도 했다. 일반 직장인들은 연봉 수준 정도로 신용 대출이 가능하다.

LTV는 'Loan To Value'의 약자로, 풀이하면 '(집의) 가치에 따른 대출'이다. 공식 용어로 '담보 인정 비율'이다. 2022년 4월 기준, 투기 과열 지구로 지정된 서울에서는 LTV가 40퍼센트까지로 제한되는데, 서민과 실수요자에게는 10퍼센트를 추가해준다. 투기 과열 지구와 조정 대상 지역 내의 '다주택자'에게는 LTV가 0퍼센트로 아예 주택 담보 대출이 금지된다.

DTI는 'Debt To Income'의 약자로, 풀이하면 '소득에 따른 대출'이다. 공식 용어로 '총부채 상환 비율'이다. 투기 과열 지구인 서울에서는 DTI가 40퍼센트인데, 이는 총소득의 40퍼센트 초과액을 원리금 상환으로 쓰지 못한다는 뜻이다. 소득 조건이 맞지 않으면 LTV가 충족돼도 LTV 한도만큼 빌리지 못한다.

LTV인지 LVT인지, DTI인지 DIT인지 헷갈린다면, 가운데 'To'가 들어간다는 점을 유의하면 잘 기억할 수 있을 것이다.

규제 지역 지정 효과 (2021년 8월 30일 기준)

항목		투기 과열 지구	조정 대상 지역
금융	가계 대출	·2주택 이상 보유 세대는 주택 신규 구입을 위한 주택 담보 대출 금지(LTV 0%) ·주택 구입 시 실거주 목적 제외 주택 담보 대출 금지 - (예외) 무주택 세대가 구입 후 6개월 내 전입, 1주택 세대가 기존 주택 6개월 내 처분 및 전입 시	
		·LTV : 9억 원 이하 40%, 9억 원 초과 20%, 15억 원 초과 0% - (서민 · 실수요자 우대) 최대 4억 원 한도 6억 원 이하 60%, 6억~9억 원 50% ·DTI 40% - (서민 · 실수요자) 20%p 우대	·LTV : 9억 원 이하 50%, 9억 원 초과 30% - (서민 · 실수요자 우대) 최대 4억 원 한도 5억 원 이하 70%, 5억~8억 원 60% ·DTI 50% - (서민 · 실수요자) 10%p 우대
	사업자 대출	·주택 매매업 · 임대업 이외 업종 사업자의 주택 구입 목적의 주택 담보 기업 자금 대출 신규 취급 금지	
		·민간 임대 매입(신규) 기금 융자 중단	-
세제 · 정비 사업		·재건축 조합원 지위 양도 제한 – 조합 설립 인가~소유권 이전 등기 ·재개발 조합원 분양권 전매 제한 -관리 처분 계획 인가~소유권 이전 등기 ·정비 사업 분양 재당첨 제한 ·재건축 사업 주택 공급 수 제한 - 1인이 여러 채를 소유한 경우에도 1주택만 공급	·다주택자 양도세 중과 · 장특공 배제 - 2주택 +20%p, 3주택 +30%p *분양권도 주택 수에 포함 ·2주택 이상 보유자 종부세 추가 과세 -+0.6~2.8%p 추가 과세 ·2주택 이상 보유자 보유세 부담 상한 상향 - 2주택자(300%), 3주택자(300%) ·일시적 2주택자의 종전 주택 양도 기간 - 1년 이내 신규 주택 전입 및 1년 이내 양도 ·분양권 전매 시 양도세율 60%(1년 미만 70%) ·1주택 이상자 신규 취 · 등록 임대주택 세제 혜택축소 - 양도세 중과, 종부세 합산 과세 ·재건축 사업 주택 공급 수 제한 - 1인이 여러 채를 소유한 경우에도 1주택만 공급
전매 제한		·주택 · 분양권 전매 제한 - 소유권 이전 등기(최대 5년) - 분양가 상한제 적용 주택 전매 제한 기간 강화	·분양권 전매 제한 - 소유권 이전 등기(최대 3년)
기타		·주택 취득 시 자금 조달 계획서 신고 의무화 - 기존 주택 보유 현황, 현금 증여 등 *투기 과열 지구는 증빙 자료 제출	

자료=국토교통부

규제 지역 지정 현황 (2021년 8월 30일 기준)

지역	투기 과열 지구(49개)	조정 대상 지역(112개)
서울	· 전 지역(2017.8.3)	· 전 지역(2016.11.3)
경기	· 과천(2017.8.3), · 성남 분당(2017.9.6), · 광명, 하남(2018.8.28), · 수원, 성남 수정, 안양, 안산 단원, 구리, 군포, 의왕, 용인 수지 · 기흥, 동탄2[1](2020.6.19)	· 과천, 성남, 하남, 동탄2(2016.11.3), 광명(2017.6.19), 구리, 안양 동안, 광교지구(2018.8.28), 수원 팔달, 용인 수지 · 기흥(2018.12.31), · 수원 영통 · 권선 · 장안, 안양 만안, 의왕(2020.2.21) · 고양, 남양주[2], 화성, 군포, 부천, 안산, 시흥, 용인 처인[3], 오산, 안성[4], 평택, 광주[5], 양주[6], 의정부(2020.6.19) · 김포[7](2020.11.20) · 파주[8](2020.12.18) · 동두천시(2021.8.30)[9]
인천	· 연수, 남동, 서(2020.6.19)	· 중[10], 동, 미추홀, 연수, 남동, 부평, 계양, 서(2020.6.19)
부산	-	· 해운대, 수영, 동래, 남, 연제(2020.11.20) · 서구, 동구, 영도구, 부산진구, 금정구, 북구, 강서구, 사상구, 사하구(2020.12.18)
대구	· 수성(2017.9.6)	· 수성(2020.11.20) · 중구, 동구, 서구, 남구, 북구, 달서구, 달성군[11](2020.12.18)
광주	-	· 동구, 서구, 남구, 북구, 광산구(2020.12.18)
대전	· 동, 중, 서, 유성(2020.6.19)	· 동, 중, 서, 유성, 대덕(2020.6.19)
울산	-	· 중구, 남구(2020.12.18)
세종	· 세종(2017.8.3)	· 세종[12](2016.11.3)
충북	-	· 청주[13](2020.6.19)
충남	-	· 천안 동남[14] · 서북[15], 논산[16], 공주[17](2020.12.18)
전북	-	· 전주 완산 · 덕진(2020.12.18)
전남	-	· 여수[18], 순천[19], 광양[20](2020.12.18)
경북	-	· 포항 남[21], 경산[22](2020.12.18)
경남	· 창원 의창[23](2020.12.18)	· 창원 성산(2020.12.18)

주1) 화성시 반송동 · 석우동, 동탄면 금곡리 · 목리 · 방교리 · 산척리 · 송리 · 신리 · 영천리 · 오산리 · 장지리 · 중리 · 청계리 일원에 지정된 동탄2 택지 개발 지구에 한함.

주2) 화도읍, 수동면 및 조안면 제외.

주3) 포곡읍, 모현읍, 백암면, 양지면 및 원삼면 가재월리 · 사암리 · 미평리 · 좌항리 · 맹리 · 두창리 제외.

주4) 일죽면, 죽산면, 삼죽면, 미양면, 대덕면, 양성면, 고삼면, 보개면, 서운면 및 금광면 제외.

주5) 초월읍, 곤지암읍, 도척면, 퇴촌면, 남종면 및 남한산성면 제외.

주6) 백석읍, 남면, 광적면 및 은현면 제외. 주7) 통진읍, 대곶면, 월곶면 및 하성면 제외.

주8) 문산읍, 파주읍, 법원읍, 조리읍, 월롱면, 탄현면, 광탄면, 파평면, 적성면, 군내면, 장단면, 진동면 및 진서면 제외.

주9) 광암동, 걸산동, 안흥동, 상봉암동, 하봉암동 및 탑동동 제외.

주10) 을왕동, 남북동, 덕교동 및 무의동 제외.

주11) 가창면, 구지면, 하빈면, 논공읍, 옥포읍, 유가읍 및 현풍읍 제외.

주12) 건설교통부 고시 제2006-418호에 따라 지정된 행정 중심 복합 도시 건설 예정 지역으로, '신행정수도 후속 대책을 위한 연기 · 공주 지역 행정 중심 복합 도시 건설을 위한 특별법' 제15조 제1호에 따라 해제된 지역을 포함.

주13) 낭성면, 미원면, 가덕면, 남일면, 문의면, 남이면, 현도면, 강내면, 옥산면, 내수읍 및 북이면 제외.

주14) 목천읍, 풍세면, 광덕면, 북면, 성남면, 수신면, 병천면 및 동면 제외.

주15) 성환읍, 성거읍, 직산읍 및 입장면 제외.

주16) 강경읍, 연무읍, 성동면, 광석면, 노성면, 상월면, 부적면, 연산면, 벌곡면, 양촌면, 가야곡면, 은진면 및 채운면 제외.

주17) 유구읍, 이인면, 탄천면, 계룡면, 반포면, 의당면, 정안면, 우성면, 사곡면 및 신풍면 제외.

주18) 돌산읍, 율촌면, 화양면, 남면, 화정면 및 삼산면 제외.

주19) 승주읍, 황전면, 월등면, 주암면, 송광면, 외서면, 낙안면, 별량면 및 상사면 제외.

주20) 봉강면, 옥룡면, 옥곡면, 진상면, 진월면 및 다압면 제외.

주21) 구룡포읍, 연일읍, 오천읍, 대송면, 동해면, 장기면 및 호미곶면 제외.

주22) 하양읍, 진량읍, 압량읍, 와촌면, 자인면, 용성면, 남산면 및 남천면 제외.

주23) 대산면 및 동읍, 북면 제외(북면 감계리 일원 감계 지구, 무동리 일원 무동 지구**는 투기 과열 지구 지정 유지) 제외.

자료=국토교통부

부동산의 미래:
제조업이 망할수록 도시 집값은 비싸진다

금gold은 왜 비쌀까. 예뻐서? 지금의 제조업 기술이면 굳이 금이 아니어도 저렴한 소재로 아름답게 가공할 수 있다. 다이아몬드가 아닌 크리스털로 만든 스와로브스키 제품을 보면 알 수 있다. 그럼 금이 인체에 거부감이 없는 인간 친화적 금속이어서? 그렇다면 은silver으로도 가능하다. 답은 예상하듯 '귀해서'다. 1년에 생산하는 양이 제한적이어서 철이나 구리처럼 대량으로 공급하지 못한다.

2020년 초 신종 코로나 바이러스가 번지기 시작할 때 품귀 현상으로 마스크 가격이 천정부지로 오르고, 마스크를 사기 위해 긴 줄을 서던 때가 있었다. 왜 가격이 올랐을까? 공급이 수요를 따라가지 못했기 때문이다. '지금 아니면 살 수 없을 것 같다', '지금 안 사면 나중에 더 비싸게 사야 한다'는 쫓기는 심리는 약국 앞에 줄을 서게 만들고, 가격이 터무니없이 올라도 살 수밖에 없도록 만들었다.

이후 마스크 공급이 원활해지면서 줄 서는 사람은 사라지고 가격도 낮아졌다. '지금 사지 않아도 언제든 살 수 있으니' 비싼 가격에 살 이유가 없다. 공급이 충분히 지속적으로 이뤄지면 가격이 안정적으로 유지된다.

아파트 가격이 오르는 원리도 동일하다. 비싼데도 왜 사려는 사람은 많고, 왜 가격은 계속 오를까? 코로나 바이러스 사태 초기 마스크와 비슷하다. 마스크가 비싸지만 지금 안 사면 살 수 없을지도 모르거니와, 살 수 있더라도 지금보다 더 비싸질 것 같은 불안감 때문이다.

그럼 가격을 정부가 억지로 고정시켜버리면 어떨까? 1500원으로 가격을 고정한 '공적 마스크'처럼 아파트도 일정한 가격으로만 팔면 안 될까? 그렇게 되면 아파트를 가진 사람 중 아무도 아파트를 팔려고 내놓지 않을 것이다. 아파트는 마스크처럼 공장에서 무한정 찍어낼 수 없다. 기존의 아파트 소유자가 팔려고 내놓아야 공급이 된다. 공급이 부족해지면 가격이 오르는 것이 자연스런 시장의 원리인데, 정부가 가격을 고정시키면 아무도 집을 팔려고 내놓지 않는다.

재개발과 재건축으로 공급을 늘리면 되지 않을까? '재건축'은 오래된 아파트를 새로 짓는 것이고, '재개발'은 낙후된 지역 전체를 새롭게 개발하는 것이다. 만약 가격이 시세보다 낮게 고정돼 있다면 적정한 이익이 보장되지 않을 테니 재개발이나 재건축도 이뤄지지 않는다. 따라서 '비싼 아파트'의 해결책은 재개발과 재건축을 활성화하고 용적률을 높여 아파트가 많이 공급되도록 하는 것이다.

정부의 주택 공급 계획은 도심 내 재개발·재건축과 도시 근교에 신도시를 세우는 것으로 나뉜다. 신도시의 특징은 대규모로 신축 아파트가 새로 공급되고 생활 인프라도 함께 제공되므로 수요 분산에 효과적이다. 그러나 대규모로 주택 단지를 지을 수 있는 곳은 도심과 거리가 있는 땅이어야 하므로, 지하철이나 자동차 전용 도로와 같은 교통 인프라를 함께 건설해야 한다. 따라서 도심 내에서 이뤄지는 재개발·재건축보다 시간이 많이 걸린다.

따라서 신도시 개발을 수립하더라도 집값이 잡히려면 10년 가까운 시간이 소요된다. 전문가들은 재개발·재건축과 신도시 개발을 병행해 나가는 방법이 효과적이라고 말한다.

공급을 늘리는 것과 더불어 수요를 줄이는 방법도 써야 한다. 정부가 강제적으로 1가구 다주택자에게 형벌처럼 과도한 세금을 매기는 것은 인위적인 수요 조절 정책이다. 그런 수요 조절이 아니라, 시장 원리에 따라 자연스럽게 수요가 줄도록 유도해야 한다.

지금 '비싼 집값'이라고 하면 대개 수도권, 그것도 서울에 가까운 수도권의 집값을 말한다. 한국처럼 작은 땅에 인구의 5분의 1이 서울에, 인구의 5분의 2가 수도권에 집중되어 있다는 것은 어찌 보면 기형적이다. 문제는 이런 현상이 해결되기는커녕 더욱 강화되고 있다는 것이다. 제조업 중심의 산업 구조가 지식 산업 위주로 바뀌면서 서울 집중도는 더욱 커지고 서울과 지방의 격차는 점점 커지고 있다.

한때 울산이 전국에서 1인당 지역내총생산GRDP이 가장 높은 도시였다. 지금은 현대중공업 조선소 실적이 부진해지면서 '좋았던 한때'에 그치게 되었다. 한때 각광받던 거제와 군산은 조선소와 자동차 공장이 문을 닫으면서 쇠락해졌다.

큰 공장들이 문을 닫으면 거기서 일하던 사람들이 갈 곳은 도시밖에 없다. 다른 공장에 재취업하는 방법도 있겠지만, 그 공장에도 이미 누군가가 일하고 있으니 문 닫은 조선소에서 일하던 사람이 모두 다른 조선소에 재취업하기는 불가능하다.

조선소에서 30년 일한 기술자라도 새로운 업종에서 일을 시작하면 초보와 동일한 취급을 받는다. 아무런 기술을 갖지 않은 노동자가 할 만한 일이란 식당 서빙, 주방일, 배달, 대리운전 등 숙련도가 그리 크지 않은 일들이다. 이런 일자리는 인구가 많은 곳에 있으므로 사람들은 도시로 갈 수밖에 없다.

이런 원리로 국내 제조업이 쇠락할수록 지방 집값은 점점 떨어지고, 도시 집값은 점점 오른다. '인구 감소로 부동산 투자는 더 이상 가망이 없다'는 말과 '부동산은 앞으로도 쭉 간다'는 말은 모순되지만, 둘 다 지금의 현실을 반영하는 말이다. '전국 평균 집값'은 떨어질 테지만, '대도시의 집값'은 당분간 쭉 갈 것이다.

상가:
'조물주 위의 건물주'도 상위 1퍼센트에게만 허락된다

'건물주'는 누구나 바라는 것이지만, 건물주 중에서도 만족할 만한 성공을 거둔 사람은 상위권 일부이다. '연예인은 돈을 많이 번다' '운동선수는 돈을 많이 번다'고 착각하지만, 실은 연예인 중 상위 10퍼센트, 운동선수 중 상위 10퍼센트만 돈을 번다. 비슷하게 직장인 중에서도 상위 10퍼센트, 자영업자 중에서도 상위 10퍼센트는 돈을 많이 번다. 즉 해당 분야에서 상위 10퍼센트에 들 정도로 능력이 뛰어나면 부자가 된다. 연예인과 운동선수는 상위 10퍼센트가 되면 유명해지기 때문에 눈에 띄는 것이고, 직장인과 자영업자는 유명인이 아니기 때문에 눈에 띄지 않는 것뿐이다.

그러므로 부동산 투자가 늘 성공하는 것은 아니다. 한 방송사 리포트에서 본 실패 사례를 하나 소개한다. 60세가 넘은 아주머니가 상가에 투자했다. 동대문시장 같은 곳에 가면 흔히 보는 동대문평화시장이나 두타몰, 또는 용산 전자상가나 강변역 테크노마트처럼 한 층이 탁 트인 상가 건물에서 칸막이 없이 구역으로만 나뉜 점포를 샀다. 매월 임대료를 받아 노후를 대비하려고 빚을 내어 상가에 투자한 것이다.

문제는 이 상가가 흥행에 실패했다는 점이다. 이런 상가는 일단 손님이 건물 안으로 들어와야 뭐라도 해볼 수 있다. 그런데 사람들의 발길이 끊기고 가게들이 하나둘씩 비면 손님으로선 볼 것이 없으니 발길을 끊는 악순환으로 결국 텅 빈 건물이 되어버렸다.

여기서 더 큰 문제가 발생한다. 월세를 받지 못하는 빈 가게라도 매달 수십만 원의 관리비를 내야 한다는 것이다. 또한 빚을 내어 투자했으므로 매달 수십만 원의 이자도 내야 한다. 이 아주머니는 폐지 줍기로 연명하고 있는데, 폐지를 팔아서는 관리비와 이자를 다 내지 못해 매년 1000만 원 이상의 빚이 늘고 있다.

상가를 팔면 되지 않을까? 이미 텅 비어버린 건물 내부의 가게를 사려는 사람은 아무도 없다. 이 아주머니처럼 빈 점포에 매월 100만 원 이상의 관리비와 이자를 내야 할 것이 뻔하기 때문이다.

구역형 상가는 1990년대 중반부터 인기를 끌었다. 거평 프레야, 밀리오레, 두타, 테크노마트 등이 흥행하면서 유사한 상가가 많이 생겼다. 분양 사기로 수많은 분양자가 눈물을 흘렸던 동대문 굿모닝시티는 우여곡절 끝에 완성되어 기사회생하는 듯 보였지만 지금 가보면 꽤 썰렁하다.

이런 상가들이 오래 가지 못하는 이유는 통합 컨트롤 타워가 없어서다. 소비자들이 찾아올 수 있도록 건물 전체를 하나의 테마파크처럼 다양한 볼거리와 살 거리로 채워야 하는데, 개별 상가 주인들에게 맡기면 당장 공실을 채우려 특색 없이 이것저것 들이게 된다. 입구에 들어왔는데, 한 층 전체가 모두 휴대폰 판매점이라면 다음에는 굳이 오고 싶지 않을 것이다. 소비자가 발길을 끊고 건물 안으로 들어오지 않으면 아무리 재주가 뛰어난 판매의 달인이라도 살릴 방법이 없다.

용산역 상가도 이런 식으로 시작했다가 경쟁력을 잃고 낙후되기 시작했는데, 현대산업개발이라는 대기업이 인수한 이후 컨트롤 타워 역할을 하면서 '아이파크몰'로 이름을 바꾸고, 업종을 균형 있게 정리하고 인테리어 등을 새로이 하면서 개선됐다. 요즘에는 이런 식의 상가 투자도 옛날이야기가 되어버렸다. 온라인 쇼핑이 대세가 되면서 투자형 상가뿐만 아니라 일반 상가들도 설 자리를 잃어가고 있다.

투자 실패 사례로 최근 뉴스에 많이 보고되는 것은 수익형 호텔이다. 이것 또한 구역형 상가와 비슷하게 호텔 룸마다 주인이 있고, 호텔 경영진은 개별 소유주들로부터 방들을 대여해 영업을 하고 수익을 방 소유주들과 나누는 것이다. 그나마 경영을 맡은 컨트롤 타워가 있으니 구역형 상가보다는 나은 것일까.

수익형 호텔은 2010년대 중반 이른바 '요우커'라고 불리는 중국 관광객이 쏟아져 들어올 때 무수히 생겨났다. 서울에 호텔이 절대적으로 부족하다는 언론 보도가 줄을 이었고, 기존에 장사가 안 되던 구역형 상가를 호텔로 리모델링하기도 했다. 명동역 입구의 밀리오레를 호텔로 리모델링한 것이 대표적인 사례다.

아이러니하게도 이렇게 호텔 투자가 절정을 이루자, 하필 '사드 사태'가 터졌다. 호텔은 한창 짓기 시작했는데 중국 정부가 한국 관광을 멈춰버리면서 완공하지도 않은 호텔은 사업성이 추락해 애물단지가 되어버렸다. 수익형 호텔을 판매한 이들은 한창 잘나갈 때를 기준으로 '연 12퍼센트의 수익률을 보장한다(언론에 보도된 한 사례다)'는 식으로 분양했는데, 지금은 적자를 내면서 분양받은 투자자들과 갈등을 빚고 있다.

수익형 호텔 역시 처분하고 싶어도 처분하지 못한다. 현재는 약속한 수익을 받지 못하는 것만이 문제지만, 적자 누적으로 호텔이 영업을 중단해버리면 앞서의 구역형 상가처럼 들어오는 돈은 없는데 오히려 관리비와 이자를 내야 하는 상황에 처할 수도 있다.

여기서 부동산 투자의 중요한 핵심을 알 수 있다. 그것은 '처분하기 쉬워야 한다'는 점이다. 자신이 목표한 수익률을 올리지 못하거나, 아니면 이자를 감당하기 힘들어 포기하고 싶을 때 언제든 '탈출'할 수 있어야 한다. 처분하기 쉬우려면 사려는 사람이 많아야 하는데, 그런 투자처는 가격이 비싸다. 안전한 투자처는 비쌀 수밖에 없다. 아파트가 그렇게 비싼데도 사려는 사람이 많고 가격이 계속 오르는 이유다.

흔히 '조물주 위의 건물주'라는 말을 한다. 건물에서 나오는 임대료 수익으로 편안한 삶을 보내는 꿈을 누구나 꾼다. 그러나 그런 행운이 아무에게나 주어지지 않는다. 상가 공실로 고통을 견뎌야 하는 건물주도 많다. 상가 투자는 주택 마련 이후의 영역이므로 여기선 이 정도로 마무리하겠다.

아파트:
차도녀의 눈으로 보자

나는 사회 초년생일 때 빌라에 살았다. 내부만 보면 아파트나 빌라나 유사하다. 요즘 나오는 새 빌라는 아파트와 구분하기 어려울 정도로 내부 구조가 비슷하다. 주택 인테리어에도 유행이 있어서 빌라나 아파트나 벽지·출입문·새시·싱크대·욕조·마감재를 비슷하게 꾸미기 때문이다.

나는 빌라에 살 때 '굳이 비싼 아파트 사지 말고 빌라를 매입해 살면 되지 않나'라고 생각했다. 자동차가 없고, 남자이고, 젊기 때문에 빌라에서 사는 것에 큰 불편을 못 느꼈다. 반대로 차가 있거나, 여자이거나, 나이가 들면 빌라가 불편할 수 있다.

아파트와 빌라의 차이는 내부 공간에서 나오는 것이 아니다. 주거 환경, 즉 외부적 요소 때문이다. 가장 크게 체감하는 것은 주차 공간이다. 한 부동산 전문 유튜버도 빌라에서 아파트로 이사했을 때 삶의 질이 가장 높아진 사례로 주차 문제를 꼽았다. 500세대의 아파트 단지를 지을 때 요즘에는 1가구 당 1.5~2대 이상의 주차 공간을 확보한다. 서울 한남동 고급 주택가인 유엔빌리지에 새로 지어지는 수십억 원대 빌라에는 1가구 당 여섯 대의 주차 공간을 확보한 경우도 있다. 옛날 아파트는 주차 공간이 협소하지만, 새 아파트는 주차 공간이 넉넉하다. 주차구역 당 넓이도 넉넉해 덩치가 커진 요즘 차들도 주차하기가 편하다.

반면 빌라는 주택법의 최소 규정을 채우려 '저런 곳에 주차할 수 있을까' 싶은 곳까지도 주차 구획선을 그어놓고, 안쪽까지 차들을 빽빽이 채워 넣어야 한다. 내 차 앞으로 차 두 대가 대어져 있어 갑자기 차를 쓸 일이 생겨도 내 차를 못 쓸 수도 있다. 밤바다를 보고 싶다고 애인이 새벽에 불쑥 전화해도 들어줄 수 없다. 아파트에선 빨리 퇴근할수록 좋은 주차 자리를 차지할 수 있는데, 빌라에서 빨리 퇴근하면 가장 안쪽부터 차를 대야 하므로 손해다.

아파트는 관리 사무소라는 관리 주체가 있고, 입주민이 낸 관리비를 모아 운영한다. CCTV를 여러 군데 달고 관리 사무소에서 모니터를 통해 관리가 가능하다. 재물에 손괴가 오면 CCTV를 통해 가해자를 확인할 수 있다. 또한 비싼 가격대의 아파트는 어느 정도 능력이 되는 사람들끼리 모여 살기 때문에 욕설이 난무하거나 행패를 부리는 경우가 적다.

아파트를 빼고 나면 도시 거주 형태는 대부분 빌라다. 지금은 서울에서도 '마당 있는 단독 주택'을 보기가 어렵다. 과거에 단독 주택이던 집의 상당수가 빌라로 '지분 쪼개기'가 이뤄졌기 때문이다. 단독 주택 소유주가 사망한 뒤 자녀들이 증여세를 내려면 매각을 해야 한다. 상속자들 입장에선 집을 팔기보다 재건축을 통해 세대를 늘려 팔면 이익을 볼 수 있으니 세월이 지나면서 단독 주택들은 빌라로 바뀌었다.

빌라촌에는 다양한 사람들이 섞여 살기 때문에 특히 여자 입장에서는 심리적 안정감이 떨어질 수 있다. 아파트는 소득이라는 진입 장벽이 있으므로 아무래도 범죄 위협이 적은 편이다. 그렇지만 층간 소음으로 살인이 벌어진다는 뉴스도 간간이 나오므로 아예 없는 편은 아니다.

비슷한 이유로 나이가 들수록 빌라촌은 불편함이 많다. 주차, 쓰레기 문제로 이웃과 얼굴을 붉혀야 할 일이 많은데, 나이가 많은 노인이 에너지가 넘치는 젊은이를 상대하기가 어렵다. 또한 젊은이는 아침에 집에서 나가 밤늦게 들어오는 생활 패턴이라면, 노인은 하루 종일 집에 있는 경우가 많다. 노인은 주변 정리 정돈에 신경을 쓰게 되는데, 젊은 이웃은 동네 생활환경 개선에 관심이 없다.

또한 아파트는 관리 사무소가 알아서 해주지만, 빌라는 입주민들의 합의로 관리가 되어야 하므로 세대 간 의견 일치가 쉽지 않다. 하수구가 막히거나 옥상 방수를 해결하기 위해 돈을 모아야 할 때, 젊은이는 소득이 계속 발생하므로 당장의 불편을 해결하기 위해 선뜻 돈을 내놓지만, 소득이 없는 노인은 모아둔 돈을 써야 하므로 갹출에 인색하다. '그냥 참고 살지'라고 주장하는 경우가 많다.

　빌라의 엘리베이터는 갈등의 큰 요소다. 최근 1층에 사는 한 빌라 주민이 엘리베이터를 사용하지 않으니 엘리베이터 부담금을 내지 못하겠다고 해, 다른 주민들과의 갈등으로 소송까지 이어졌다. 재판 결과는 엘리베이터를 사용하지 않으면 부담금을 내지 않아도 된다는 것이었다. 이 판결로 엘리베이터가 있는 빌라는 큰 문제를 안게 됐다. 2층에 사는 사람도 엘리베이터를 안 쓰겠다고 해버리면, 3~5층에 있는 이들이 큰 부담을 진다. 또 3층에 사는 사람이 5층에 사는 사람보다 부담금을 적게 내겠다고 해버리면 반대할 근거가 없다. 엘리베이터는 전기를 꽤 많이 먹는다.

　또한 10~20년 뒤 엘리베이터 교체를 위해 '장기 수선 충당금'을 매월 걷어두어야 하는데, 이것이 불가능하면 20년 뒤 고장 난 엘리베이터를 신형으로 바꿀 수가 없다. 아파트에서는 이런 갈등이 적은 편이고 장기 수선 충당금도 잘 걷히는 편이다.

빌라:
금이 비싸면 은이라도 사두자

최근에는 빌라도 괜찮은 부동산 투자처로 바뀌고 있다. 아파트의 진입 장벽이 너무 높아지다 보니 빌라라도 사두자는 심리다. 개인적인 경험으로 보면 최근 서울 일반 주택가의 빌라 가격 상승률은 아파트의 절반 수준이다. 아예 안 오르는 것은 아니다. 같은 지역이라면 아파트가 두 배로 가격이 뛸 때 빌라도 1.5배 정도로 오른다. 그러니 아파트값이 비싸다고 넋 놓고 있는 것보다는 빌라라도 사서 부동산 가격 상승이라는 대세에 한 발이라도 담글 수 있도록 '리스크 헤지risk hedge(손실을 방지하기 위한 대비)' 하는 것이 낫다.

2021년 초 서울 지역 소형 아파트(20평대)의 중위 가격은 8억 원을 넘어섰다. 전세 가격은 3억 원 이상인데, 전세를 끼고 아파트를 사려 해도 4억~5억 원 이상은 있어야 한다. 그런데 빌라는 매매가와 전세가의 차이가 크지 않다. 매매가가 3억 원이면 전세가는 2억 5000만 원 정도다. 5000만 원으로 전세를 끼고 집을 장만할 수 있다.

나의 지인은 2020년 10월에 3억 2000만 원짜리 빌라를 2억 5000만 원의 전세를 끼고 매입했다. 앞으로 2억 5000만 원을 열심히 모으면 그 집에서 거주할 수 있게 된다. 언제 그 돈을 모을지는 기약이 없지만, 일단 사야 할 대상의 가격이 더 이상 오르지 않는다는 안도감을 갖게 된다.

주택을 전혀 소유하지 않고 돈을 모아 집을 사려면, 돈을 모으는 속도보다 집값 오르는 속도가 빠르기 때문에 집을 살 가능성이 점점 줄어든다. 그래서 집값이 너무 올라버리는 리스크를 '헤지'하라고 표현한 것이다.

빌라라도 사두어야 하는 또 다른 이유는, 재개발이 되면 아파트 분양권을 받을 수 있기 때문이다. 지금 2030 세대가 아파트를 하나 마련하려면 청약 또는 재개발밖에 없다. 유튜브의 한 젊은 부동산 중개인은 "지금 젊은이들이 아파트를 사는 방법은 재개발로 분양권을 받는 수밖에 없다"고 말했다.

최근 청약은 가점제 물량을 늘리는 쪽으로 정책을 바꾸고 있는데, 가점제는 무주택 기간이 긴 고령층에게 유리하다. 그러다 보니 젊은이들이 청약만 넣다가 세월이 지나가 버리기도 한다. 청약을 시도하는 이유는 시세보다 싸게 아파트를 사기 위해서인데, 10년 동안 청약을 넣다가 집을 못 살 바에는, 10년 전 아파트나 빌라라도 전세를 끼고 사두었다면 10년 동안의 집값 상승분을 자기 몫으로 가질 수 있었을 것이다.

따라서 당장 아파트 살 돈이 부족하다면, 재개발 이슈가 있는 빌라를 사두는 것이 최선이다. 어디가 재개발될지는 평소 뉴스를 열심히 보고 관심을 가져야 감을 잡을 수 있다. 물론 어디서 언제 재개발이 될지는 누구도 확실하게 장담할 수 없다. 그러나 실마리는 던져줄 수 있다. 한 예로, 2019년 2월 서울시청은 서울시 내 추가 10개 지하철 노선 장기 계획을 발표했는데, 그런 곳에 관심을 가져볼 만하다.

개인적으로 2009년 아파트를 살 때 지하철 9호선 이슈가 있는 방화동이 뉴스에 많이 나와서 유심히 보았다. 방화동 아파트를 살까 고민하기도 했다. 그래서 '9호선 호재'가 가격에 미치는 영향을 지켜봤다. 9호선이 생긴다는 뉴스가 나오자 방화동 집값이 살짝 올랐다. 착공 이후 또 조금 올랐다. 그런데 완공하고 나니까 오름세가 가팔랐다.

다만 대규모 교통 인프라 계획은 발표됐다가 무산되기도 하므로 주의해야 한다. 발표와 확정, 타당성 검토가 통과된 후에도 실제로 착공이 되어야 확실해지는데, 확실해질수록 가격도 뛴다. 불확실성이 있으면 싸고, 확실해진 뒤에는 비싸진다. 그러니 불확실성과 확실 사이에서 결정해야 한다. 어떤 투자든 최종적인 판단과 책임은 투자자의 몫이다.

오피스텔:
1주택부터 사놓고 눈길을 돌려라

오피스텔은 재테크 초보보다 이미 1주택을 소유한 뒤 추가 투자 목적으로 찾는다. 오피스텔은 소유 주택 수에 포함되지 않기 때문이다.

주거용 오피스텔은 내부만 보면 아파트와 거의 비슷하다. 사무실 용도로 쓰는 오피스텔도 있지만, 온돌 난방이 가능해 거주 용도로 쓰는 오피스텔도 있다. 오피스텔도 아파트와 마찬가지로 입지가 중요하므로, 도심지에 위치한 오피스텔은 아파트 가격 상승에 편승해 가격이 오르기도 한다. 다만 오피스텔을 살 때는 두 가지 면에서 신중했으면 한다.

아파트와 오피스텔을 가르는 중요 포인트는 상업 지구냐, 주거 지역이냐. 주거 지역 아파트는 용적률 규제가 있고, 동 사이에 일정

거리 이상을 띄워야 하는 등 쾌적한 주거 환경을 위한 제약이 있다. 빌라여도 주거 지역에 지으면 도로 폭 확보와 일조권 보장 규제가 있으므로 생활 환경이 아주 나빠지진 않는다.

반면 상업 지구는 바로 옆에 건물이 들어서도 일조권과 조망권을 보장받지 못한다. 신촌, 홍익대 앞처럼 영업하는 가게가 많은 상업 지구에 가면 상가 건물이 1미터도 떨어지지 않은 채 다닥다닥 붙은 것을 볼 수 있다. 오피스텔 거주자는 가끔 황당한 일을 겪기도 하는데, 대표적 사례가 살다 보니 바로 옆에 높은 건물이 들어서는 것이다. 파란 하늘과 도심 내 빌딩숲이 보이던 창문을 어느 날 옆집 창문이 1미터 떨어진 곳에서 가로막을 수도 있다.

그렇지만 지하철역 인근처럼 입지가 좋으면, 오피스텔이 좋은 투자처가 될 수도 있다. 입지가 좋은 오피스텔은 월세 수요가 많다. 오피스텔은 1가구 다주택에 포함되지 않기 때문에 다주택자 규제가 심할 경우 오피스텔을 임대 수익 창출을 위한 용도로 고려해볼 수도 있다.

이때 중요한 것도 그 오피스텔을 팔고 싶을 때 쉽게 팔 수 있느냐다. 인기 있는 오피스텔 역시 인기 없는 오피스텔에 비해 동일 면적인 경우 가격이 비쌀 것이다. 교통도 좋지 않고 주변 환경도 좋지 않은 곳의 오피스텔을 싸다는 이유로 덥석 샀다가 임차인도 구하지 못하고 매도도 하지 못해 곤란을 겪을 수도 있다.

청약:
내 집 마련의 전부는 아니다

주택을 분양하는 방식은 크게 세 가지로 나뉜다. 추첨제, 가점제, 선착순제다. 대개 공급보다 수요가 많기 때문에 선착순보다 추첨제와 가점제를 사용한다. 미분양일 정도로 인기가 없는 아파트는 선착순이 될 수도 있다.

지금은 공공이든 민간이든 분양 시 정부가 추첨제와 가점제의 비율을 정해준다. 수도권 등 정부 규제가 심한 곳은 가점제로 정하는 비중이 높다. 가점제는 무주택 기간이 길고 부양가족이 많을수록 유리해 젊은이에게 불리하다. 자녀가 많으니 가점제에 유리할 것이라고 생각하는 30대 가장이 있을 수 있다. 그런데 막상 인기 있는 아파트 분양을 보면, 어디서 그런 사람들이 나왔는지 신기할 정도로 70세 넘은 노인이 평생 무주택으로 살면서 최고 점수를 가진 이가 수두룩하다.

정부는 소형 평형(전용 면적 85제곱미터 이하)의 경우 투기 과열 지구에서 가점제 절반, 추첨제 절반이던 것을 전부 가점제로 바꾸려는 움직임을 보이고 있다. 젊은이들이 청약으로 집을 살 수 있는 기회는 점점 줄고 있다.

보통 소형 평형대라면 25평형(85제곱미터 급) 이하를 생각하는데, 법률적인 소형 평형은 전용 면적을 기준으로 하므로 흔히 '30평대'로 부르는 아파트도 소형에 속한다. 정부 정책 발표 시는 전용 면적(85제곱미터)을 기준으로 하는데, 부동산 중개 업소나 분양 광고 등 시장에서는 공급 면적(33평형)을 기준으로 한다. 전용 면적은 순수하게 집 내부 면적을 말하고, 공급 면적은 계단과 복도, 엘리베이터실 등 공용 공간까지 포함하는 개념이다.

파는 입장에서는 집이 넓어 보여야 하므로 뻥튀기가 가미된 '공급 면적'을 선호한다. 거래가 이뤄지는 현장에서 공급 면적이 쓰이다 보니 일반인들에게는 25평형, 33평형과 같은 공급 면적이 익숙하다. 그러나 정부 정책 발표에서는 전용 면적이 사용되므로 잘 구분하기 바란다.

정부의 분양가 상한제 규제 강도가 점점 세지면서 최근 분양하는 아파트는 주변 아파트 시세 대비 낮은 수준으로 매겨진다. 정부의 의도는 시세보다 낮은 물량을 공급하면 인근 아파트 가격이 낮아질 것으로 기대하지만, 신규 물량이 미미한 수준이므로 가격 인하 효과가 거의 없다. 바닷물에 수돗물을 아무리 부어도 짠맛이 없어지지 않는 것과 비슷하다. 대신 신규 분양에 당첨된 사람만 수억 원대의 이익을 보기 때문에 '로또 분양'이라고 부른다.

'로또'라는 이름이 붙었다는 것은 그만큼 당첨이 힘들다는 뜻도 포함한다. 정부에서 '신혼부부 특별 공급', '다자녀 가구 특별 공급' 같은 정책을 내놓으므로 막연하게 나중에 결혼하거나 아이를 낳은 뒤 청약하면 집을 쉽게 살 수 있지 않을까 기대할 수 있다. 그건 집에 대해 관심이 적기 때문에 하는 생각이다. 막상 집을 사려고 마음먹고 특별 공급 내용을 보면, 이래서 안 되고 저래서 안 되는 경우가 많다. 대개는 소득 기준에서 많이 걸리는데, 중견 기업 이상에 다니는 맞벌이 부부라면 자격이 안 되는 경우가 많다.

열심히 벌어서 분양가를 낼 수 있는 부부는 소득이 많다는 이유로 자격이 안 되고, 분양가를 낼 엄두가 안 나는 저소득 부부는 당첨 가능성이 있다면 결국 부모의 재력이 필요하다는 결론에 이른다.

또한 특별 공급은 물량이 적어서 경쟁률이 치열하다. 그중에서도 신혼부부와 다자녀 가구를 위한 특별 물량은 더더욱 적다. 일반 분양 경쟁률이 10 대 1이라면, 특별 공급은 100 대 1인 정도로 쉽지 않은 기회다.

반면 인기가 없는 아파트, 오피스텔은 청약하려는 사람이 적어 선착순으로 살 수 있는 경우도 있다. 인기가 없는 청약 물량은 쉽게 살 수 있지만, 인기가 없다는 얘기는 추후 가격 상승 폭도 크지 않다는 뜻이다. 또한 인기가 없다는 것은 나중에 팔 때 처분하기 쉽지 않다는 뜻이기도 하다.

신혼부부 특별 공급 소득 요건

구분	소득 요건(이전)		소득 요건(개정 후)	
공공 분양	도시 근로자 월 평균 소득 100%(맞벌이 120%)		우선 70%	100%(맞벌이 120%)
			일반 30%	130%(맞벌이 140%)
신혼 희망타운	120%(맞벌이 130%) 6억 원 이상 분양 주택 생애 최초 구입 시 130%(맞벌이 140%)		130%(맞벌이 140%)	
민영	우선 75%	100%(맞벌이 120%)	우선 70%	100%(맞벌이 120%)
	일반 25%	120%(맞벌이 130%) 6억 원 이상 분양 주택 생애 최초 구입 시 130%(맞벌이 140%)	일반 30%	140%(맞벌이 160%)

2021년 2월 2일부터 시행. 자료 = 국토교통부

생애 최초 특별 공급 소득 요건

구분	소득 요건(이전)	소득 요건(개정 후)	
공공 분양	도시 근로자 월 평균 소득 100%	우선 70%	100%
		일반 30%	130%
민영	도시 근로자 월 평균 소득 130%	우선 70%	130%
		일반 30%	160%

2021년 2월 2일부터 시행. 자료 = 국토교통부

이런 얘기를 하는 이유는, 청약이 아파트를 사는 유일한 방법이라고 생각하지 않았으면 해서다. 특정 지역의 시세가 5억 원이고, 분양가가 4억 원이라고 가정하자. 매년 청약을 넣었는데, 당첨이 되지 않으면서 5년이 지났다. 그 사이 5억 원짜리 아파트 가격은 10억 원이 되었고, 그 시점의 분양가는 8억 원이 되었다면 어떨까? 5년 전 이미 지어진 아파트를 5억 원에 사는 게 차라리 나았을 것이다.

생애 최초의 집으로 구축 아파트도 나쁘지 않다. 형편에 따라 전세를 끼고 아파트를 사거나, 아파트가 비싸면 빌라를 사는 식으로 첫걸음을 내딛어보면 어떨까. 기왕이면 빌라는 재개발 이슈가 있는 곳이 좋을 것이다. 집을 산다는 경험을 한번 해보면 이후 부동산 재테크에 눈이 넓어지고 지식도 깊어진다. 집을 산 뒤 신축 아파트 일반 청약을 꾸준히 시도해볼 수 있다.

청약 통장:
차 살 계획이 없어도 면허를 따듯이

청약만 넣다가 죽을 수도 있지만, 그렇다고 청약 당첨의 기회를 아예 버릴 필요는 없다. 그러니 당장 청약 통장을 만들기 바란다.

청약 통장은 과거에는 청약저축, 청약예금, 청약부금으로 나뉘어 있었는데, 2009년 주택청약종합저축으로 통합됐다. 과거의 청약저축은 국민주택에, 청약예금과 청약부금은 민영주택에 청약할 수 있는 기회가 주어졌다.

국민주택이란 국가와 지자체, LH, 지방공사가 건설하는 전용 면적 85제곱미터 이하(수도권·도서 지역 아닌 읍면은 100제곱미터 이하)의 주택을 말한다. 민영주택은 국민주택을 제외한 주택을 말한다. 주로 LH, SH가 붙으면 국민주택이고, 이를 제외한 래미안, 자이, 아크로,

청약 순위	청약 통장 (입주자 저축)	순위별 조건		구분
		청약 통장 납입 기간	납입금	
1순위	주택청약종합저축	* 수도권 지역 – 가입 후 1년 경과 * 수도권 외 지역 – 가입 후 6개월 경과 다만, 필요한 경우 시·도지사가 12개 월까지 연장 가능	납입 인정 금액이 지역별 예치 금액 이상	민영주택
	청약예금			
	청약부금 (85제곱미터 이하만 청약 가능)		매월 약정 납입일에 납입한 납입 인정 금액이 지역별 예치 금액 이상 ※ 납입금 연체 등 발생 시 연체를 반영하여 순위 발생일 이 순연됨	
	청약저축		매월 약정 납입일에 월 납입 금을 연체 없이 123회 또는 6회(수도권 외) 이상 납입	국민주택
	주택청약종합저축			
2순위	1순위에 해당하지 않는 경우(청약 통장 없이 청약 가능)			민영주택, 국민주택
(1순위 제한 자* 포함)	* 투기 과열 지구 또는 청약 조정 대상 지역의 주택은 청약 통장 가입자만 청약 가능			

푸르지오 등은 민영주택이다. '민영주택'과 라임을 맞춰 국민주택을 '공영주택'으로 부르기도 한다.

청약저축과 청약예금, 청약부금이 나뉘어 있을 때는 가입 시점에 국민주택과 민영주택을 결정해야 했다. 반면 주택청약종합저축은 청약 시점에 국민주택이냐 민영주택이냐를 결정할 수 있다.

청약 통장 관련 제도가 변화하기 때문에 자세한 사항은 따로 검색해보면 알 수 있다. 일단은 첫 월급을 받으면 청약 통장은 만들자.

부모가 부동산에 관심이 있다면 자녀가 어릴 때 청약 통장을 만들어 납입해주는 경우도 많다. 만든 뒤 매월 10만 원가량의 인정 한도만큼 꼬박꼬박 넣으면 된다.

매월 넣는 것이 귀찮으면 한꺼번에 수년 치를 넣어둬도 된다. 대신 납부 기간은 월 납입액만큼만 인정된다. 월 납입 인정 한도가 10만 원인 경우, 300만 원을 일시불로 넣어두어도 1년이 지나면 120만 원까지만 납입한 것으로 인정된다. 대개 민영주택은 예치 금액을, 국민주택은 납입 횟수를 중요하게 여긴다.

인구:
102만 명 1971년생이 죽어야 집값이 떨어진다

가끔 이런 사람도 있다. 앞으로 대한민국의 인구가 줄어 일본처럼 집값이 폭락할 것이기 때문에 집을 사지 않겠다는 사람이다. 틀린 말은 아니다. 다만 시기와 장소가 문제다.

1960년 인구 통계가 시작된 이래 신생아가 가장 많이 태어난 해가 1971년이다. 무려 102만 명이 태어났다. 직전 해인 1970년에도 98만 명이 태어났는데, 1970년대는 꾸준히 90만 명대가 태어났다. 1980년대에는 80만 명대, 1990년대에는 70만 명대, 2000년대 들어 60만 명대로 줄었다.

2010년 지나면서는 40만 명대까지 줄더니, 2020년에는 30만 명도 안 태어나는 지경에 이르렀다. 2020년의 신생아가 1971년 신생아의 30퍼센트에도 미치지 못하니, 부동산 가격이 인구의 영향을 받을 것은 당연해 보인다.

한 가지 고려할 것은 수명이다. 지금은 평균 수명이 80세를 넘었다. 1971년생이 80세가 되려면 2050년인데, 그 사이 의료 기술이 더 발달해 평균 수명이 90세에 가까워질 것이다. 1971년생이 80~90세가 되려면 2050~2060년인데, 1971년생은 그때까지 주택을 보유하게 된다. 1971년생은 계속 주택을 보유하고 있고, 부동산 시장에 진입하는 인구가 계속 추가되므로 인구 구조에 따른 집값 하락은 1971년생이 죽을 때부터 시작된다는 결론이다.

2020년생이 서른이 되는 2050년에는 집값이 떨어질까? 그때는 1971년생이 서서히 죽기 시작할 테니 수요의 정점은 지난다고 예상할 수 있다. 그렇다면 앞으로 30년 이상 인구적인 이유로 집값은 내리지 않을 것이다. 30년이면 현재의 30세 청년이 60세 노인이 되는 때다. 따라서 인구 감소로 인한 집값의 하락은 아직 먼 얘기다. 1971년생과 관련해 집값을 예측하는 것은 나 개인의 생각이므로, 추론 과정을 여과해서 보기 바란다.

인구와 관련해 추가적으로 고려할 사항은, 인구는 줄지만 '1인 가구'는 늘어나는 추세라는 점이다. 결혼을 하면 성인 두 명이 한 집에 살게 되고, 자녀 한두 명이 추가되어도 필요한 집은 하나다. 그러나 싱글족 두 명에게 필요한 집은 두 채가 되므로 전체 인구가 감소됨에도 불구하고 가구 수는 늘어나게 된다.

또 하나 변수로 여길 것은 수도권이냐 아니냐다. 인구 감소로 집값이 떨어지기 시작해도, 전국 평균이 떨어지는 것이지 수도권은 다를 수 있다. 이는 한국의 산업구조 변화에 따른 것인데, 제조업의 약화와 글로벌 수요라는 두 가지 변수가 작용한다.

지방의 대규모 산업 단지가 사라지면 그곳에 살던 사람들은 도시로 유입된다. 넓은 땅에 큰 공장을 세우고 대규모 인력을 동원하는 제조업은 산업구조가 고도화하면 사라지게 된다. 인건비가 더 싼 중국으로 생산을 이전하고, 중국 인건비가 비싸지면 베트남이나 인도네시아, 필리핀 같은 아세안 국가로 이전하고, 그마저도 인건비가 비싸지면 미얀마, 방글라데시, 파키스탄 같은 비아세안 국가로 이전한다. 그 다음에는 아프리카로, 더 이상 값싼 인력을 찾지 못하면 로봇 기술이 발달할 것이다.

현재 국내 증시에서 카카오의 시가 총액이 웬만한 제조업을 능가하듯 향후 한국도 미국의 페이스북, 구글, 애플, 아마존, 넷플릭스처럼 지식산업이 시가 총액 상위 기업으로 재편될 것이다. 따라서 제조업 기지가 사라진 지방과 지식산업 종사자가 많아지는 도시의 격차는 더욱 커지게 된다.

산업구조의 변화와 함께 글로벌 수요도 도시로 유입될 것이다. 한국이 발전할수록 한국을 찾는 외국인도 많아진다. 제조업은 인건비가 상대적으로 낮은 개발도상국 출신 외국인 인력을 구했지만, 인터넷 플랫폼 기업은 능력 있는 선진국 출신 외국인 인력을 필요로 한다. 그들은 도시의 좋은 집을 원하고 구매력도 있다.

이러한 이유로 앞으로 30~40년 동안은 인구가 감소해 주택 가격이 하락할 것이라는 기대는 하지 않는 편이 좋다. 단, 서울을 비롯한 수도권의 이야기다. 비수도권에 산다면 집값 하락 속도가 생각보다 빨라질 수 있으니 주의를 기울여야 한다. 비수도권 집값이 전체적으로 떨어지는 대세 하락기가 오면 자산 가치를 지키기 위해 지방의 집을 팔아서 수도권 집을 사려는 수요가 늘 것이므로 수도권 집값은 더 빠른 속도로 오를 수 있다. 반면 비수도권 집값은 더 가파르게 떨어지게 된다.

영끌:
1주택자는 집값 오르는 게 달갑지 않다

내가 부동산 담보 대출을 받은 2015년 말은 돌이켜보면 일반 직장인들이 집을 사기 좋은 마지막 찬스였다.

전 세계가 흥청망청하던 거품 경제 시절이 2007년 서브프라임 모기지론 사태로 한풀 꺾인 뒤 2008년 9월 리먼 사태로 거품의 정점을 찍으면서 이후 10년 가까이 집값이 거의 오르지 않는 안정적인 시기였다. 이와 함께 전 세계적으로 경기 부양을 위한 초저금리가 오랜 기간 이어졌다. 2020년 무렵엔 주택 담보 대출 금리가 3퍼센트도 되지 않다. 1억 원을 빌려도 이자는 연 300만 원이니 월 25만 원 수준이다.

내가 주택 담보 대출을 받은 2015년에는 서울 지역에서 집값의

75퍼센트까지 대출이 가능했다. 또한 2009년 전세 1억 3000만 원을 끼고 2억 7000만 원에 구매한 집은 2015년 말까지도 매매 가격이 2억 원대 후반으로 거의 변동이 없었다. 집값은 안정적이었고, 금리는 낮았고, 담보 대출 한도LTV는 높았으므로 집 사기에 적절한 시기였다.

당시 20~30대 후배들에게 집을 사는 간단한 방법이라고 알려준 공식이 있다. 당시만 해도 서울 지역에 3억 원 미만의 아파트가 많았다. 집값을 2억 8000만 원이라고 가정하자. 집값의 75퍼센트까지 대출이 가능하므로, 집값의 25퍼센트인 7000만 원만 있으면 집을 살 수 있었다.

보통 결혼할 때 집을 사는 경우가 많았는데, 부부가 각각 3500만 원을 들고 있으면 된다. 월급 200만~250만 원인 중소기업 신입 사원이 열심히 저축하면 월 150만 원씩 1년에 1800만 원을 모을 수 있고, 2년이면 3600만 원을 모을 수 있다. 부부 둘이 2년만 열심히 모으면 7000만 원으로 집을 사고 또 그 집에서 살 수도 있었다.

아이러니하게도 이 당시는 집값이 오르지 않으니 집을 사려는 수요가 적었다. 집값이 안 오르니 집을 소유하기보다 전세를 선호했다. 집값은 그대로인데 전셋값만 계속 올랐다. 나는 전세를 끼고 집을 샀는데, 2009년 전세를 갱신할 때는 전세가가 1억 3000만 원, 2년 뒤에는 1억 6000만 원, 또 2년 뒤에는 1억 8000만 원, 또 2년 뒤에는 2억 2000만 원이었다.

집값과 전셋값의 차이가 처음에는 1억 3000만 원이었는데, 어느 새 6000만 원으로 줄었다. 전세 가격이 오를 때마다 집주인인 나에게 보증금으로 현금이 계속 들어왔다. 추가로 받은 전세 보증금이 7000만 원이었다. 반면 전세가와 매매가의 차이는 6000만 원으로 줄었다. 이러다 보니 전세를 끼고 집을 한 채 더 살 수 있는 상황이 됐다.

돌이켜보면 '이때 한 채를 더 샀으면 좋았을 걸'이라는 생각도 하지만, 결론적으로 추가로 매입하지 않았다. '1가구 다주택'에 대한 부담감, 아파트 관리, 세입자와의 관계 등 신경 쓸 일이 싫어서 집을 한 채 더 '지르지' 못 했다. 애초부터 직업적인 호기심으로 집을 산 것이지, 부동산 투자로 부자가 되겠다고 생각하지 않았기 때문이다. 다주택자가 되려면 조금 더 욕망이 있어야 했다.

2015년처럼 집을 사기 쉬운 환경이 다시 오더라도 무주택자인 사회 초년생이 첫 아파트 구매를 내지르기는 쉽지 않다. 경험이 없기 때문이다. 친척 어른이 1억 원이 넘는 수입차를 공짜로 준다면 받을 수 있을까? 취득세와 등록세, 보유세, 보험료, 유류비, 수리비 등이 상당한 부담이 될 것이다. 차에 대해서 아무것도 모르기 때문에 어떤 문제점이 발생하고 언제 얼마만큼의 수리비가 들지 예상할 수 없어서 함부로 타지 못하는 것이다. 그러나 한 번 차를 소유한 경험이 있으면 대략 어떤 문제가 생기고 어느 정도의 비용이 들지 감을 잡을 수 있다.

그런 의미에서 사회 경험이 많지 않은 20~30대에게는 부동산 거래 경험이 있는 부모 또는 전문가의 경험과 노하우라는 무형의 지원이 필요하다. 신입 사원이 차장이나 부장과 점심을 먹으러 가면 주식과 부동산 애기만 해서 싫다는 말을 들은 적이 있다. 30대 후반에서

50대 후반인 선배들의 최대 관심사는 주식과 부동산이기 때문에 평소 하는 얘기도 그와 관련된 것이 많다. 그 신입 사원도 10년 정도 지나면 주식과 부동산 얘기에 귀를 쫑긋하게 될 것이다.

2015년 말, 내가 세입자를 내보내기 위해 돌려줘야 할 전세보증금은 1억 6000만 원이었다. 그래서 주택금융공사로부터 1억 2000만 원을 연 3.08퍼센트 금리로 15년 동안 상환하는 내용의 '보금자리론(부동산 담보 대출)'을 실행했다. 그 사이 모아둔 4000만 원을 합쳐 세입자에게 돌려줬다.

1억 2000만 원을 연 3퍼센트 금리로 대출하면 매월 얼마를 원리금(원금+이자)으로 갚아야 할까? 나의 경우 83만 원(원리금 균등 상환)을 매달 갚아 나가고 있다. 두 배인 2억 4000만 원을 빌리면 월 166만 원, 세 배인 3억 6000만 원을 빌리면 월 249만 원이다. 1인 가구가 월 249만 원을 부채 상환에 사용한다면 숨만 쉬고 아무것도 하지 못할 것이다. 그러나 두 사람이 합쳐서 700만 원을 버는 맞벌이 부부라면 감내할 만한 수준이다.

지금은 빚을 지지 않으면 집을 사기 불가능한 시대가 되었다. 집

15년 만기, 연 3.08퍼센트 금리로 빌렸을 때의 월 상환액 비교

대출 금액	1억 2000만 원	2억 4000만 원	3억 6000만 원
월 상환액	83만 원	166만 원	249만 원

월 상환액은 이자 포함. 개인적 경험을 바탕으로 한 계산한 것임.

값이 계속 오르고 있다면 빚을 내어 집을 살 수밖에 없다. 저축해서 모으는 속도보다 집값이 오르는 속도가 빠르기 때문이다. 5년 동안 열심히 일해서 1억 원을 모았는데, 그 사이 집값이 1억 원이 올라버리면 열심히 일해서 기존 집주인 좋은 일만 한 셈이다.

참고로, 집값이 거의 오르지 않던 2009~2017년 사이에는 '하우스 푸어'란 말이 회자됐다. 집을 가져서 부자 같지만, 생활수준이 낮아서 삶의 만족도가 떨어지는 이들을 가리켜 '하우스 푸어'라고 불렀다. 집을 사기 위해 무리해서 빚을 내다 보니 삶의 질을 집에 희생당한 셈이 된 것이다.

2018~2020년 집값이 크게 오르면서 하우스 푸어란 말은 사라졌다. 집 한 채라도 가진 게 어디냐는 안도감 때문이다. 어찌 보면 '하우스 푸어'라는 말은 집값이 안 오르는 데 대한 푸념이 아니었을까. 지금은 열심히 돈을 모았지만 집을 사지 못한 박탈감을 '벼락 거지'로 표현한다.

그런데 집을 가진 사람은 집값이 올랐으니 기쁠까? 나도 처음 1000만~2000만 원 오를 땐 기분이 좋았다. 자산이 늘어날수록 부자가 된 기분이었다. 그러나 지금은 마냥 기쁘지만은 않다.

1주택자는 집값이 오르든 내리든 의미가 없다. 다른 집들도 함께 오르기 때문이다. 이사를 가려면 다른 집도 비슷하게 비싸졌기 때문에 집을 팔아 부자가 될 수 없다. 대신 무주택자와 유주택자의 격차는 커진다.

집값이 오르면 그에 따른 비용이 오른다. 집값이 두 배면 중개 수수료, 취등록세, 재산세도 두 배다. 게다가 종합부동산세 공제 한도는 1주택자 11억 원, 다주택자 6억 원(공시 가격 합산)인데, 집값이 계속 오르면 어느새 종부세 대상자가 될 수도 있다.

미래 설계도 막막해진다. 결혼하고 자녀가 크면 작은 아파트에서 큰 아파트로 옮겨야 한다. 주택 가격이 오르면 소형과 중형의 차이도 커진다. 과거 20평대(공급 면적 기준) 아파트가 3억 원, 30평대 아파트가 4억 5000만 원일 때, 1억 5000만 원만 더 모으면 집을 큰 평수로 넓혀 갈 수 있었는데, 집값이 두 배로 올라 20평대 아파트는 6억 원, 30평대 아파트는 9억 원이 되었다면 집을 넓혀 가는 데 3억 원이 필요하다.

또한 나의 동생이나 사회에 갓 진출한 회사 후배들도 언젠가 집을 사야 하는데, 이것이 여의치 않으면 가족·직장이라는 공동체에 금이 가기 시작한다. 하루 중 가장 많은 시간을 함께 보내는 회사 동료, 그중에서도 20~30대 후배들이 집을 사기 막막해진 현실은 회사 사기 진작에 도움이 되지 않는다.

"지금 다니는 회사에서 일만 열심히 하면, 결혼이나 육아 등 미래 설계는 회사가 책임진다"고 과거에는 말할 수 있었는데 지금은 말해 줄 수가 없다. 회사가 생계와 노후를 책임지지 못하게 되면 회사에 대한 소속감과 주인 의식이 떨어질 수 있다. 더 높은 연봉을 주는 회사로 옮길 생각을 늘 하고 있거나, 회사 일 외에 추가 수입을 고민하게 된다.

형제자매:
큰아버지는 가족이 아니다

가끔 형제자매가 '가족'이 아니라고 말하면 믿지 못하는 사람이 있다. 형제자매는 법적으로 가족이 아니다. 자신의 형제자매를 떠올리지 말고 자신의 큰아버지, 작은아버지를 떠올리면 수긍이 갈 것이다.

자동차보험 가입 때 형제자매가 가족이 아님을 새삼 깨닫게 된다. 자동차보험에서 인정하는 가족은 배우자와 직계비속(자녀), 직계존속(부모)이다. 형제는 해당이 안 된다. '어떻게 형제가 가족이 아닌가'라고 생각할 수 있는데, 가입자인 아버지 또는 어머니 입장에서 자녀인 형제자매가 가족인 것이지, 성인이 된 형제자매끼리는 가족이 아니다.

형제자매는 상속 순위에서도 배제된다. 만약 아버지가 사망했는

상속 순위

순위	피상속인과의 관계	상속인 해당 여부
1	직계비속과 배우자	항상
2	직계존속과 배우자	직계비속이 없는 경우
3	형제자매	1, 2순위가 없는 경우
4	사촌 이내의 방계혈족	1, 2, 3순위가 없는 경우

데, 큰아버지·작은아버지·고모가 찾아와 상속 지분을 달라고 요구
하면 어떨까? 받아들이기 힘들 것이다.

상속 1순위는 배우자와 직계비속이다. 직계비속은 자녀와 손
자·손녀 등을 말하는데, 같은 순위 상속인이 여럿인 경우 피상속인
과 촌수가 가까운 자가 상속인이 되고, 촌수가 같은 상속인이 여럿인
경우 공동 상속인이 된다. 피상속인(사망자)에게 다수의 자녀와 다수
의 손자·손녀가 동시에 있으면 자녀만 상속인이 된다. 즉, 나의 할아
버지가 돌아가셨는데 아버지가 있다면, 아버지가 상속 대상이고 나는
상속 대상이 아니다.

2순위는 배우자와 직계존속이다. 직계존속은 주로 부모를 뜻하
지만, 부모가 없고 할아버지·할머니가 있으면 2순위 상속인이 될 수
있다. 부모를 살해하면 '존속 살인'으로 뉴스에 종종 나오는데, 일반
살인보다 엄하게 벌을 받는다. '부모=존속'으로 기억하면 존속과 비

속을 구분하기 쉬울 것이다.

2순위의 경우, 직계비속이 없어야 직계존속이 자격을 가진다. 자식이 없는 부부인 경우, 남편이 죽으면 부인(배우자)과 시부모가 상속을 법적 비율로 받을 수 있다. 반면에 부부에게 자식이 있는 채로 남편이 죽으면 부인과 자식이 상속을 받는다. 이때 시부모는 배제된다. 이 때문에 아들이 죽기 직전 병상에 있을 때 시부모가 며느리 몰래 가짜 유언장을 만들고 아들 지장을 찍는 사건이 발생하기도 한다.

상속 1, 2순위가 모두 없을 때 3순위는 형제자매다. 그마저도 없으면 4순위로 '사촌 이내의 방계혈족'에게 돌아간다.

뒤에서 설명하겠지만, 이 상속 순위도 잘 알아둬야 한다. 나와 상관없는 친척이 많은 빚을 지고 죽을 경우 나의 의지와 상관없이 그 빚이 나에게 상속될 수 있다. 1순위 상속자가 상속을 포기하면 2순위, 3순위, 4순위에게 넘어온다.

조선 말 철종이 된 평범한 시골 총각에게 국왕 승계 순위가 돌아오는 것처럼 예상치 못하게 빚이 상속될 수 있다. 예상치 못한 재산이 상속되면 로또 맞은 것처럼 기쁠 테지만, 예상치 못한 부채가 상속되면 날벼락을 맞은 기분일 것이다.

상속에서 선순위자가 '상속 포기'를 하지 않고 '한정 상속'을 하면 차순위로 넘어오지 않는다. 한정 상속은 상속할 재산 중 채무를 빼고 상속하는 것으로, 채무가 상속 재산보다 많아도 빚이 상속되지 않는다.

물론 날벼락을 피해가는 방법이 있다. 갑작스레 사촌 형제가 죽은 뒤 빚이 나에게 상속된 사실을 알게 되면, 가정법원에 가서 상속 포기 또는 한정 상속을 신청하면 된다. 실제로 빚이 상속된 날이 아니라, 내가 상속 사실을 안 날부터 3개월 이내에 하면 된다.

실전 집 사기:
1억 원 없어도 집은 사두자

집이 인생의 목적이 된다면 슬픈 일이 아닐까. 하지만 집이 없으면 집 때문에 걱정을 달고 살아야 한다. 배가 고프면 오로지 배고픔을 해결하는 데에만 신경 쓰지만, 배고픔이 해소되면 그 이상의 것을 생각하게 된다. 집은 원하는 삶을 살기 위해 갖춰야 하는 기본 조건이다.

집을 소유해야 하는 가장 큰 이유는 노후에 소득이 줄어들 때를 대비하기 위한 것이다. 한창 일할 때는 월세를 감당할 수 있지만, 은퇴 후 소득이 없으면 자가 소유 주택에서 살아야 안정적인 주거가 가능하다.

부모와 함께 사는 경우

과거에는 부모와 함께 사는 것이 집을 사기 위한 좋은 조건이었다. 부모와 떨어져 살면 소득의 상당 부분을 월세 등 주거비로 지출하므로 빠른 시간에 목돈을 모으기가 어렵다. 또한 부모와 함께 살면 부모가 주거는 물론 식사를 제공하는 경우가 대부분이므로 생활비가 적게 든다. 20~30대 자녀는 자신이 버는 월급을 최대한 저축에 집중할 수 있다. 생활비를 부모에게 준다고 해도, 세대 분리보다 이익이다. '규모의 경제'가 작동하기 때문이다.

금전적인 장점 외에 무형의 이득도 있다. 부모와 함께 산다는 것은 같은 지역을 생활 기반으로 한다는 뜻이므로, 부모가 부동산 자산 축적 과정에서 겪은 시행착오와 노하우를 공유할 수 있다. 사람은 자기가 사는 지역을 가장 잘 알기 때문에 부모로부터 자식에게 전수되는 부동산 노하우는 무시할 수 없는 부분이다.

부모와 함께 살면 주거는 해결돼 있으니, 부동산을 거주 목적이 아닌 투자 목적으로 접근할 수 있다. 전세를 끼고 집을 살 수 있으므로 적은 돈으로 투자가 가능하다. 이를 갭 투자라고 부른다.

최근 나의 지인은 서울에서 3억 2000만 원짜리 빌라를 전세 2억 5000만 원을 끼고 현금 7000만 원을 들여 구매했다. 그 지역에서 비교적 저렴한 8억 원짜리 아파트의 경우 전세가 4억 원대라 전세를 끼고 아파트를 사려면 4억 원이 있어야 하므로 불가능했다. 하지만 빌라는 비교적 매매가와 전세가의 갭이 크지 않다.

여기서 얻을 수 있는 교훈은, 아파트가 비싸다고 부동산 가격이 오르는 것을 넋 놓고 쳐다보느니 아파트보다 가격 상승률은 낮지만 빌라라도 사놓으면 부동산 가격 폭등에 대응할 수 있다는 것이다. 즉, 금융 전문가가 말하는 인플레이션에 대한 헤지가 부분적으로 가능하다.

갭 투자는 그 자체로 위험한 것이 아니라, 갭 투자가 가능하다는 이유로 상품성이 없는 집을 사는 것이 문제다. 수요가 꾸준한 집이라면 전세가가 내려갈 가능성도 낮고, 경매에 부치더라도 높은 가격에 낙찰되므로 손해를 최소화할 수 있다. 물론 좋은 물건은 가격이 비싸다.

그런데 지금은 부모와 함께 사는 자녀가 집을 사기가 어려워졌다. 2020년 7·10 대책 이후 1가구 다주택인 경우 취득세를 최소 여덟 배에서 최대 열두 배를 내야 한다. 1가구에서 2주택 째를 사는 경우, 개정 전에 취득세 1~3퍼센트 적용을 받던 집이 개정 후에는 가격과 상관없이 일률적으로 8퍼센트를 적용 받는다. 이전 취득세가 1퍼센트인 300만 원이라면 7·10 대책 후 2400만 원이 될 수 있다. 3주택 째부터는 12퍼센트다.

하지만 단기 차익이 목적이 아니라 10년 넘게 소유할 목적으로 집을 산다면 취득세를 1000만~2000만 원 더 내는 것을 겁낼 필요는 없지 않을까 생각한다. 종부세의 경우는 1주택이냐 다주택이냐와 상관없이 1가구가 소유한 주택의 공시 가격을 합산해서 매긴다. 공시 가격 합산가가 6억 원까지는 종부세를 내지 않는다. 1가구 1주택인 경우는 공시 가격 11억 원(2020년까지는 9억 원)까지 내지 않아도 되어, 실질적으로는 1주택과 다주택의 차등 과세인 셈이다.

취득세율 인상안 (2020년 7월 10일 개정)

구분		개정 전	개정 후
개인	1주택	주택 가액에 따라 1~3%	주택 가액에 따라 1~3%
	2주택		8%
	3주택		12%
	4주택 이상	4%	
법인		주택 가액에 따라 1~3%	

※ 개인에서 법인으로 전환을 통한 세 부담 회피를 방지하기 위해 부동산 매매·임대업 법인은 현물 출자에 따른 취득세 감면 혜택(75%) 배제

    반면에 지자체에 내는 재산세는 '1가구 다주택' 규제가 없다. 한 채든 여러 채든 상관없이 원래 한 채에 부과되는 개별 재산세만 독립적으로 적용된다. 취득세의 경우 65세 이상인 부모와 사는 자녀의 경우 '동거 봉양'이라는 명목으로 부모의 주택 수와 자녀의 주택 수를 합산하지 않는다. 부모 중 한 명이 65세 이상이면 부모가 주택 한 채를 갖고 있더라도 자녀가 신규로 주택을 살 때는 1가구 2주택의 취득세(최소 8퍼센트)가 아닌, 1가구 1주택 취득세(1~3퍼센트)가 적용된다. 앞서 언급한 나의 지인은 일흔이 넘은 노모와 함께 살고 있어, 노모가 가진 주택과 합산하지 않고 1주택에 해당하는 취득세를 내었다.

결혼으로 새 살림이 나는 경우

불과 몇 년 전 얘기지만, 대출이 집값의 75퍼센트까지 가능했던 시기에는 집값의 25퍼센트만 있으면 빚을 내어 집을 살 수 있었다. 학교를 졸업하고 안정적인 직장에 들어가 2~3년 모은 뒤 결혼하는 상황을 가정하면, 이런 시나리오가 가능하다.

혼자라면 집값의 25퍼센트를 모으는 데 꽤 시간이 걸리지만, 결혼하면 두 사람이 모은 것을 합치기 때문에 혼자일 때보다 종잣돈을 모으는 기간을 반으로 줄일 수 있다. 어떻게 보면 결혼하는 것이 좋은 재테크 전략일 수 있다. 결혼이 아니어도 경제적 공동체를 만들면 내 집 마련 시기를 앞당길 수 있다. 그러나 한국에서 결혼 외에 수억 원의 자산을 공유하는 경제적 공동체가 가능할지는 의문이다. 법률적으로도 결혼 이외에는 경제적 공동체를 인정하지 않으므로, 절세나 아파트 청약 기회 등의 이점을 얻을 수 없다.

현재 투기 과열 지구인 서울의 주택 담보 비율LTV은 40퍼센트로, 집값의 60퍼센트를 현금으로 보유해야 집을 살 수 있어 적은 돈으로 집을 사기가 쉽지 않다. 다만, 부동산 정책은 몇 년 앞을 알 수 없다. 경험상 살아오면서 10년이라는 시간은 정책이 무수하게 변화되기 충분한 시간이다.

혼인 신고를 하지 않으면 부동산 구매 전략을 다양화할 수 있다. 전세 자금 대출을 활용해 집을 살 수 있어서다. 전세가 4억 원, 매매가 5억 원인 집이 있다고 가정하자. 이 경우 전세가의 80퍼센트까지 전세 자금 대출이 가능하다. 남편이 전세 대출로 전세가의 80퍼센트인 3억 2000만 원을 빌려서 그 집에 전세로 산다. 그 뒤 아내 명의로 현금 1억 원을 들고 그 집을 전세를 끼고 매입한다. 실제 거래 시에는 전세 보증금 4억 원은 오가지 않고 계약서에 '전세 승계'라는 말로 기재된다.

중요한 것은 혼인 신고와 전입 신고를 하지 않아야 한다는 점이다. 정부는 이와 같은 편법을 허용하지 않기 위해 전세 자금 대출이 있는 세대가 갭 투자로 집을 사면 전세 대출을 갚도록 정책을 바꾸었다.

1인 가구의 경우

집을 사기 가장 어려운 상황이 부모로부터 독립한 1인 가구다. 생활비의 상당 부분을 부동산 비용(임대료)으로 사용하기 때문이다. 부모의 지원으로 전세로 살면 다행이지만, 개인이 직접 해결하려면 최초에 월세부터 시작해 돈을 모아 전세로 옮길 수 있다.

우선은 종잣돈을 모으는 것이 가장 중요하므로 어떻게든 주거비를 줄여야 한다. 월세는 전세로 옮기고, 그게 안 되면 월세가 싼 곳으로 옮겨야 한다. 집이 좁아지든지, 직장에서 멀어지든지, 지하로 내려가든지 해야 한다.

정부의 주택 보급 정책을 잘 활용하는 것이 팁이다. 나의 회사 후배는 중소기업 근로자에게 자격이 주어지는 전세 자금 지원을 활용해 1억 원짜리 원룸 전세(실제로는 반전세)를 얻고 연 1.2퍼센트의 이자를 내는데, 이자는 매월 10만 원이다.

2020년 12월 기준 주무 부처인 주택도시기금에 따르면, 부부 합산 연소득 5000만 원 이하(외벌이 3500만 원 이하), 순자산 가액 2억 8800만 원 이하 무주택 세대주(예비 세대주 포함)로서 중소·중견기업 재직자거나 중소기업진흥공단, 신용보증기금, 기술보증기금의 청년 창업 지원을 받고 있는 만 19~34세(병역 의무를 이행한 경우 복무 기간에 비례하여 자격 기간을 연장하되 최대 만 39세까지 연장)가 대상이다. 대출 한도는 최대 1억 원, 대출 금리는 연 1.2퍼센트다.

원금은 계약이 끝날 때 보증금을 받아서 갚으면 되는 것으로 어차피 내 돈이 아니다. 실질적으로는 이자액인 월 10만 원에 해당하는 월세를 사는 셈이다. 다만 1억 원 전후의 원룸 전세 물량은 점점 줄고 있고, 정책 자금이 들어가는 경우 서류 절차가 추가되므로 집주인이 기피하려는 성향이 있다.

안타깝게도 사회 초년생이 1인 가구로 살면서 돈을 모아 집을 사기는 점점 어려워지고 있다. 저축하는 금액이 늘어나는 속도보다 집값 상승 속도가 빠르기 때문이다.

당장 결혼할 것이 아니라면, 아파트 대신에 재개발 이슈가 있는 곳의 빌라를 매입하는 것도 방법이다. 10년 내 재개발이 예상되는 동네라면 작은 빌라를 전세를 끼고 1억 원 이내 금액으로 산 뒤, 나중에 재개발이 되면 조합원 자격으로 새 아파트를 분양받을 수 있다. 막연하게 청약을 기다리는 것보다 나을 수 있다. 10년 뒤 청약에 당첨되더라도 그 사이 주택 가격이 오르기 때문에 지금 작은 주택이라도 사두는 것이다.

개인적인 경험으로, 2020년 동네 부동산 중개업소에 방 두 개짜리, 대지 약 7제곱미터인 빌라가 매매가 1억 9500만 원, 전세가 1억 2000만 원이라고 붙은 것을 보았다. 취득세 등의 비용을 제외하면, 7500만 원의 갭으로 빌라 한 세대를 살 수가 있는 것이다. 7500만 원이면 신용 대출과 사내 복지 등으로 어떻게든 마련해볼 만한 금액의 범위다.

1가구 다주택을 피하는 편법도 있긴 하다. 갭 투자로 구매한 주택의 세입자에게 자신을 전입 신고 해달라고 허락을 구하는 것이다. 실제로 나의 후배 한 명은 원룸 계약 시 집주인의 딸이 함께 거주하는 것처럼 전입 신고를 부탁해 허락해주었다고 한다.

다만, 무주택 세입자 입장에서 집주인이 동거인으로 전입 신고를 제안할 때는 여러 가지를 따져봐야 한다. 2020년 1차 코로나 재난지원금 지급 때 가구 총소득에 따라 지원 여부가 결정됐다. 서류상의 동거인인 '집주인의 딸'이 고소득자라 세입자가 지원금 대상에서 탈락할 수도 있다.

모르는 사람을 동거인으로 등록하는 경우 서류상이라고 하더라도 이는 부탁을 하는 이에겐 큰 재산상의 이득을 보는 것이고, 부탁을 들어주는 입장에선 번거롭거나 손해가 될 수 있는 조건을 떠안는 셈이다. 건강보험 지역 가입자인 경우 재산 가액이 보험료에 반영되는 등 불리한 면이 있으므로 이에 대해서도 명의자에게 그만큼 금전적 보상을 해주어야 한다. 그런 요청을 받을 때 세입자도 조건을 내밀 만하다. '앞으로 10년 동안 전세금(혹은 월세)을 안 올리겠다면 생각해보겠다'는 요구를 예로 들 수 있다.

원래 명의를 빌려주는 일은 피곤한 일이다. 그 피곤함을 감당할
수 있다면 활용하고, 그렇지 않으면 마음의 평화를 얻는 것이 낫다.

대지:
하드웨어는 수명이 있지만 소프트웨어는 영원하다

주택을 살 때는 대지 면적이 중요하다. 재개발 시 20년이 넘은 낡은 주택은 '하드웨어'의 가치를 전혀 인정받지 못한다. 남는 것은 토지뿐이다.

　　오래된 빌라의 경우 전용 면적 50제곱미터로 큰 A 집이 옆집의 전용 면적 35제곱미터로 작은 B 집보다 매매가가 싼 경우도 있다. 거주 공간이 큰 A 집이 오히려 싼 이유는 B 집의 대지 면적이 더 크기 때문이다.

　　한때 부동산 경매 관련 공부를 조금 했었는데, 경매 물건 중 가격이 주변 시세 대비 반값 이하였던 경우가 있다. 허위 매물이 아닐까 해서 자세히 보면 대지 면적이 '0'이다. 토지를 사지 않고 빌려서 집을 지은 경우다. 가끔 서울 시내에서 매매가 1억 원 대의 아파트를 본다. 비슷한 조건의 주변 아파트라면 5억 원은 넘을 텐데 터무니없이 싸게 나왔다면 대지 지분이 아예 없거나 극히 적은 경우라고 할 수 있다.

대지 지분은 보통 수준이지만, 재건축이 불가능하다는 이유로 아파트라도 싼 경우가 있다. 서울 도심의 S 아파트는 서울 한복판임에도 14평대가 1억 원대 중반에 시세가 형성돼 있다. 이 아파트는 복개천 위에 건설되었는데, 현재의 법으로는 복개천 위에 재건축이 불가능하다. 즉, 이 아파트는 허물 때까지 재건축을 하지 못한다.

그럼에도 이 아파트가 거래되는 이유는, 주변에 오피스 빌딩이 많아 일정하게 월세 수입을 얻을 수 있고 향후 혹시나 법이 개정될지도 모른다는 일말의 기대도 있기 때문이다. 최근 이 아파트를 포함한 지역 일대의 재개발을 검토한다는 얘기도 있었다. 단독 재건축은 법률상 불가능하지만, 구역이 재개발될 때는 분양권을 얻을 수도 있다는 것도 경우의 수로 염두에 두기 바란다. 방금 예로 든 사례는 확정되지 않은 것이므로 가능성의 차원에서만 인지하기 바란다.

KB부동산:
쇼핑몰처럼 매일 아이쇼핑하자

아파트를 선호하는 이유 중 하나는 가격 측정이 쉽다는 점이다. 같은 아파트의 같은 평형이라면 가격이 같으므로, 최근 거래된 옆집의 가격이 자기 집의 가격이라고 보면 된다. 한국에서 아파트를 선호하는 또 다른 이유 중의 하나는 자산으로서 현금화가 용이하다는 점이 한 몫한다.

예외도 있는데 최고층, 최저층, 외벽에 붙은 집 등이다. 나의 이전 세입자는 이런 말을 했다. "직전 살던 집은 추웠는데, 여기는 보일러를 안 틀어도 따뜻하네요." 그들이 전에 살던 집은 같은 단지의 같은 평형대였지만, 외벽에 위치한 것이 단점이었다. 집의 한쪽 면이 햇빛과 찬바람을 맞으니 여름에 덥고 겨울에 춥고 습기도 많이 찬다. 최고층과 최저층도 계절의 영향을 많이 받는다. 중간에 낀 집은 좌우상하의 집에서 난방을 하니 난방을 조금 해도 그리 춥지 않다.

KB부동산 사이트에는 규모를 갖춘 전국 모든 아파트 단지의 시세가 나와 있다. 국내 모든 부동산 관련 종사자도 이곳에 나온 가격을 기준으로 삼는다. 매매가, 전세가가 모두 나와 있다. 자기가 사는 동네, 혹은 살려고 하는 동네에 있는 아파트들의 시세를 앉은 자리에서 쉽게 찾아볼 수 있다. 네이버 부동산도 비슷한 서비스를 제공하는데, 네이버는 한국부동산원에서 자료를 제공받는다.

시세는 '최고가' '평균가' '최저가'로 나뉘어 있는데, 앞서 설명했듯 최고층, 최저층, 외벽 등은 최저가라고 볼 수 있고, 그 외에는 웬만하면 모두 최고가다. 따라서 실구매를 염두에 두고 있다면 평균가가 아닌 최고가를 기준으로 해야 원하는 물건을 살 수 있다.

어떤 물건이든 낚시성 광고를 보고 구매하러 가본 사람은 알 것이다. 막상 사고 싶은 물건은 이것저것 옵션을 추가해야 해서 예상만큼 싸지 않다. 아파트도 약간 그런 면이 있다. 최저가를 보고 갔다가 정작 집을 살 때는 최고가 기준인 경우가 많다. KB부동산에 나온 아파트는 어느 정도 규모를 갖춘 단지를 기준으로 한다. 이름 없는 브랜드의 '나 홀로' 아파트는 정보가 없을 수 있다.

집을 살 때가 아니더라도 KB부동산의 아파트 정보를 꾸준히 둘러보면 좋다. 인터넷몰에서 가방을 처음 사보면, 싸게 샀다고 생각했는데 보면 볼수록 더 싸게 파는 곳이 나온다. 마우스 클릭을 많이 할수록 더 많은 정보를 얻게 된다. 이렇게 온라인으로라도 아파트 시세를 많이 알게 되면 자신이 사는 동네, 뉴스에 나온 동네, 지나가던 동네의 아파트들의 시세에 익숙해지게 된다.

중고차를 살 때의 경험에 비춰보면, 누구나 원하는 좋은 매물은 금방 사라진다. 팔리지 않고 계속 남는 매물은 가격이 조금 비싸거나 사고 이력이 많거나 약간의 결함을 갖고 있다. 차를 사겠다고 마음을 먹었으면 SK엔카와 같은 온라인 중고차 거래 사이트를 매일 들락거리며 새로 나온 매물이 없는지 수시로 체크해야 한다. 기존 매물과 비슷한 조건에 싼 매물이 예고 없이 나온다. 자주 매물을 체크하고 있어야 이런 '개꿀' 매물을 낚아챌 수 있다.

부동산도 거의 비슷하다. 좋은 물건은 금방 사라지고, 오래 남은 물건은 뭔가 하자가 있거나 비싸게 내놓은 물건이다. 사려는 집을 대략 염두에 뒀으면 인근 부동산 중개업소에 어떤 매물을 원한다고 말해두면 먼저 연락을 줄 것이다. 다만 이런 성향은 시장의 분위기에 따라 다르다. 가격이 한창 상승하는 시기에는 매물을 내놓기 무섭게 팔리고, 거래가 정체되거나 하락하는 시기에는 매물이 많아진다. KB부동산을 열심히 보고 있으면 그런 분위기도 감지할 수 있다.

부동산 등기부:
700원으로 신상 털기

대부분은 잘 알겠지만, 혹시 모를 사람을 위해 부동산 등기부에 대해 설명하겠다. 잘 알고 있다고 생각하는 사람에게도 주의할 사항을 알려주려 한다.

부동산 등기부는 사람으로 치면 주민등록과도 같은 것이다. 토지와 건물의 역사가 들어 있다. 그간 거쳐 간 소유주들도 표시되고, 권리 관계도 표시되어 있다. 권리 관계란, 소유자가 누구이고 이 부동산에 압류, 근저당이 설정되어 있지 않은가 하는 것들이다. '대한민국 법원 인터넷등기소' 사이트에서 전국 모든 부동산의 등기부를 확인할 수 있다. 한 세대 당 '발급'은 1000원, '열람'은 700원이다. 어디다 제출할 게 아니라 혼자만 볼 거라면 '열람'으로 결제하면 된다.

집을 살 때 반드시 확인할 것은 계약하러 온 사람이 등기부에 나온 소유주가 맞는지 확인하는 것이다. 당연히 소유주가 아니라면 의심해야 한다. 먼 지방에 사는 동생 명의라는 이유로 다른 사람이 위임장을 들고 온 경우도 있다. 위임장에 찍힌 도장이 인감 증명서의 도장과 일치하는지를 확인하면 절반은 안심이다. 반면 매입하는 사람은 인감 증명서 등을 까다롭게 준비할 필요는 없다. 돈을 주는 입장이기 때문이다.

요즘은 주민센터에서 인감 증명서 대리 발급을 철저하게 막고 있기 때문에 타인이 자신 허락 없이 인감 증명서를 떼기는 쉽지 않다. 여러 정황을 잘 파악해 의심스런 부분이 없다면 위임 받은 사람과 계약하면 된다. 단, 이때 계좌 이체는 실제 집주인 이름의 계좌로 해야 한다. 집주인 명의가 아닌 계좌로 대금을 입금하라고 하면 무조건 의심해야 한다. "압류된 계좌라 안 된다"거나 "내가 실제 주인이고 동생은 차명일 뿐"이라고 하면 즉시 계약을 포기하자.

정 찜찜하면 대리인이 나온 계약은 피하는 것도 방법이다. 뉴스에서 종종 가짜 집주인 행세를 하는 사기꾼에게 당해 수천만 원을 날린 피해자가 보도되기도 한다. 다만, 사기는 일반적인 아파트 매매나 전세보다는 소규모 단지나 오피스텔의 분양 사기가 많다. 매매나 전세의 경우 누군가 집에 살고 있고, 집을 먼저 살펴본 뒤에 구매를 결정하므로, 기존 집에 사는 사람을 통해 한 번의 검증 과정을 거친다. 실제 거주자가 어린아이를 데리고 있고, 아이가 사는 집으로 보이는지 확인하면 도움이 될 것이다. 그러나 속이려고 작정하면 실제 주인이 아닌 사람이 사기 계약을 할 가능성이 없지는 않다.

어쨌든 집을 살 때는 수억 원의 돈이 걸린 일이니 의구심이 들면 반드시 물어보고 확실하게 해두는 것이 좋다. '이런 걸 물으면 무식하다고 비웃지 않을까' '초짜처럼 보이면 가격을 비싸게 부르겠지'라는 생각은 금물이다. 초짜는 어떻게 해도 초짜처럼 보인다. 그럴 바에는 초짜라 밝히고 이것저것 꼼꼼히 물어보는 것이 차라리 낫다.

은행에 저당 잡힌 집은 조심해야 한다. 과거 전셋집을 알아볼 때 은행 저당에 대해 물어보니, 집주인은 "그건 신경 쓰지 않으셔도 된다"라며 "실제로 돈을 빌린 게 아니라, 사정이 있어 잠깐 저당을 잡아놓은 것이다"라는 식으로 얼렁뚱땅 넘어가려 했다. 부동산 거래 경험이 없는 젊은 사람이 찾아가면 그런 식으로 핑계를 대는 경우가 많다.

사기 피해자가 생기는 이유는, '설마 나에게 그런 일이'라고 생각하든지, '그럴 사람으로 보이지 않는데'라고 의심의 끈을 놓기 때문이다. 가끔 TV 뉴스에 신상이 공개되는 살인자가 나오는데, 대부분 평범하게 생겼음을 알 수 있다. 외모만으로 범죄의 의도를 파악할 수는 없는 것이다.

등기부의 배신:
대법원도 '먹튀'를 한다

부동산 등기부는 소유 관계를 알려주는 소중한 정보다. 발행 주체는 대한민국 대법원이다. 그러나 등기부로 장난치는 사람이 있어 주의가 필요하다. 거래의 99.9퍼센트는 문제가 없겠지만, 매도자 혹은 집주인이 마음만 먹으면 못할 것도 없는 제도상의 허점에 대해 살펴보자. 뉴스에 보도된 내용을 바탕으로 재구성해 보았다. 재테크 초보들에겐 크게 신경 써야 할 대목은 아니지만, 이 내용들을 통해 부동산 등기부라는 제도에 대한 이해의 폭을 넓힐 수 있다.

근저당은 신청 당일, 전세 확정은 신청 다음 날?

세입자 A 씨는 집주인과 전세 계약을 했다. 입주 당일 최종 확인을 위해 부동산 등기부를 열람해 압류나 저당이 없는 것을 확인하고 잔금을 치렀다. 이사를 마친 직후 주민센터에서 전입 신고를 하며 '전세 확정'을 받았다. 전세 확정은 주민센터에서 전입 신고를 하고 전세 계약서를 제시하면 주민센터에 마련된 '전세 확정 대장'에 기록하고, 전세 계약서 뒷면에도 '확정' 스탬프를 찍고 날짜를 적게 된다.

이사 후 한참 뒤 A 씨는 청천벽력과 같은 소리를 들었다. 집이 경매에 넘어갔다는 것이다. 알고 보니 A 씨가 주민센터에 확정 일자를 등록하던 날에 집주인이 은행에서 집을 담보로 돈을 빌리고 근저당을 설정한 것이다.

같은 날짜에 전세 확정과 근저당이 이뤄졌지만, 법은 집주인 편이다. 전세 확정일은 신청 다음날부터 효력이 발생하지만, 대출과 근저당은 신청한 당일 효력이 발생하기 때문이다.

법률에 왜 이런 허점이 존재할까? 추정이지만, 전세 확정은 수기로 이뤄지므로 주민센터 직원이 하루치를 취합해 다음날 전산에 입력하므로 하루 늦게 이뤄지는 것이 아닐까라고 추측해본다.

부동산 등기부도 100퍼센트 믿을 수 없다?

또 다른 사례는 등기부의 소유자를 부정하는 판결이다. B 씨는 등기부에서 확인한 소유주와 정당한 매매 거래를 통해 아파트를 구매하고 등기를 마쳤다. 그런데 청천벽력 같은 일이 일어났다. 법원이 아파트를 제3자인 C 씨에게 주라고 판결한 것이다. 무슨 일일까?

B 씨에게 아파트를 매도한 사람은 남편에게 니코틴 액을 먹여

살해한 부인이었다. 전자담배 리필용 니코틴 액은 소량이라도 직접 먹으면 죽는 독성을 지녔다. 아파트 매각 당시는 살인에 대한 형사재판의 최종 판결이 내려지기 전이었다.

살인자인 부인은 남편이 죽자 상속 1순위 자격으로 남편 소유의 아파트를 상속받았고, 즉시 매각했다. 그러나 1년여 뒤 대법원에서 최종적으로 살인죄가 확정되었다. 그러자 남편의 친척이 민사소송을 걸었다. 법에선 재산을 노린 고의적 살인과 같은 불법적인 방법에 의해 사망한 경우 가해자의 상속 자격을 박탈하도록 되어 있다. 남편의 친척이 낸 소송은 상속 자체를 무효화해 달라는 내용이었다.

이것이 법원에서 인정되면서 죽은 남편이 살인한 아내에게 상속한 것 자체가 무효가 되고, 상속으로 취득한 아파트를 매도한 것도 무효가 됐다. 주인이 아닌 사람이 아파트를 판 셈이다. 매매 당시에는 부동산 등기부에 아내(살인자)가 소유주로 등재돼 있었지만, 친척의 소송을 통해 등기 자체가 매매 후에 무효가 된 것이다.

이 재판 결과가 언론을 통해 알려지면서 '이해할 수 없다'는 댓글들이 달렸다. 대한민국 대법원이 관리하는 부동산 등기를 믿고 집을 구매한 사람은 무슨 죄냐는 내용이 대부분이었다. 상식적으로 생각해볼 때 아파트 구매자 B 씨는 법적으로 정당하게 집을 산 것이므로 인정해주고, 집을 판 살인자가 원래 상속인인 친척에게 아파트 매각 대금을 토해내도록 해야 맞지 않을까.

1심 판결이었기 때문에 이후에는 어떻게 되었는지 알려지지 않았다. 전 재산이 걸린 일이니 B 씨는 유리한 판결을 받을 때까지 항소와 상고를 계속했을 것이다. 판사도 어쩔 수 없었을 것이다. 판사는 법 조항대로 상속이 무효이니 상속 재산을 매각한 것도 무효라는 법리적 판단을 했을 뿐이다. 판사는 법률이 상식에서 벗어나더라도 법률로 판결할 수밖에 없다. 법률이 불합리할 경우 판사는 판결 이유와 함께 국회에 법률 개정을 호소하는 내용을 판결문에 담기도 한다.

이와 같은 사례가 극히 드물기 때문에 그간 국회의 입법 조치가 없었을 것으로 보인다. 피해자 B 씨가 만약 대법원에서 최종 패소한 다면 그는 헌법소원까지도 할 것이다. 어쨌든 이 판결로 부동산 등기부는 소유 관계에 대해 '설명'을 해줄 뿐, '책임'은 지지 않음을 확인할 수 있다.

이런 일을 피하려면 어떻게 해야 할까? 지금까지의 사례들을 종합해보면, 매매로 소유권이 이전된 집을 매입할 때는 문제된 적이 없었다. 위 사례는 상속받은 재산을 매각할 때만 발생 가능하다. 부동산 등기부에는 현재 소유주가 어떻게 부동산을 취득했는지 기록된다. '매매' '상속' '유증' '경매' 등이 기록된다.

그중 '상속'인 경우 어떻게 이 집을 취득했는지를 소유자에게 꼼꼼하게 물어볼 필요가 있다. 노부모의 사망으로 상속받은 경우는 사고 위험이 적지만, 부부 사이의 상속은 찜찜할 수 있다.

시세 반값 전세가에 숨은 함정

2014년의 이야기다. 인천의 한 지체장애인 D 씨가 자신의 아파트에서 몸에 불을 붙여 자살했다. 전 재산인 전세금을 떼였기 때문이다. 살던 집이 경매로 넘어가면서 법원의 명도 집행(쉽게 말해 거주자 내쫓기)으로 집에 있던 아내와 두 자녀가 쫓겨나 아파트 공터에 우두커니 서 있는 것을 보고는 바로 14층으로 올라가 휘발유를 온몸에 부은 것이다. 가장으로서 어린 자녀와 가족이 집에서 쫓겨나 우두커니 집을 쳐다볼 때의 좌절감과 분노가 자살로 이어진 듯 보인다.

D 씨의 전세 보증금은 2500만 원이었다. 집주인이 1억 원대 후반에 매입한 아파트인 걸 감안하면 터무니없이 싼 보증금이라고 할 만하다. 집주인은 세입자에게 "경매에 넘어가더라도 전세 세입자의 전세금은 보호된다"고 얘기했고, 실제로 전세권도 설정했다. 집이 경매에 넘어가자 채권자는 전세권 설정 무효 소송을 진행했다. 근저당이 많은 것을 알면서 세입자로 들어온 것은 나쁜 의도가 있다고 몰아붙였다.

법원은 이런 경우 집주인이 차명으로 전세권을 설정한 뒤 경매에서 낙찰되면 세입자 보호 명목의 전세 보증금을 따로 챙기려는 의도라고 판단했다. 상당한 액수의 근저당이 설정된 집에 전세로 들어온 것은 정상적인 세입자라고 볼 수 없다는 내용이었다.

장애인 가장으로서 그가 이런 유혹에 넘어간 것은 어쩔 수 없는 선택일지도 모른다. 그가 가진 재산으로는 그만큼 큰 아파트 전세를 구할 수 없었을 것이다. 집주인이 '소액 세입자 보호'라는 것을 내세워 안심시켰을 수 있다. 그러나 그 틈새를 악용하는 사례가 많아지자 법원도 이를 인정해주지 않게 되었다.

장애인 가족의 사연은 가슴 아프지만, 누가 봐도 터무니없이 싼 전세는 문제가 있는 물건이다. 사회 경험이 없는 젊은이들은 닳고 닳은 집주인과 부동산 중개인의 달콤한 말에 잘 넘어간다. 그렇지만 그들이 법적인 책임까지 모두 지는 것은 아니다.

고정 금리 vs 변동 금리:
금리가 높을수록 이득인 대출

고정 금리는 만기까지 금리가 동일한 것이고, 변동 금리는 분기, 반기, 1년 등 정해둔 기간마다 대출 금리를 새로 산정하는 것이다.

고정 금리 대출은 10~20년 만기 내내 상환할 원리금이 동일하므로 계획적인 상환 계획을 세울 수 있다. 또한 시중 금리가 장기적으로 상승 추세일 때 유리하다. 반대로 장기적으로 하락 추세일 때는 시중 금리보다 높은 금리를 감당해야 할 수도 있다.

반면 변동 금리는 분기, 반기, 1년 등의 기간마다 금리가 변한다. 금리가 장기적으로 하락 추세일 때 유리하다. 그러나 금리가 상승하는 시기에는 시간이 지날수록 부담이 커진다.

과거 2000년대 초중반 거품 경제 시절에는 주택 담보 대출 실행

시 변동 금리 비중이 압도적으로 높았다. 첫째 이유는 대출 금리가 10 퍼센트에 육박할 정도로 높았기 때문이다. 대출 금리 10퍼센트일 때 1억 원을 빌리면 1년에 갚아야 할 이자는 1000만 원이 된다. 대출 금리를 1퍼센트만 낮춰도 이자를 연 100만 원 아낄 수 있다.

고정 금리의 경우 장기적인 리스크를 은행이 감당해야 하므로 변동 금리에 비해 금리가 1~2퍼센트 정도 높았다. 대출자들은 멀리 내다보기보다 당장 이자액을 한 푼이라도 낮추려고 변동 금리를 많이 선택했다.

변동 금리가 많았던 둘째 이유는 당시 주택 가격이 꾸준히 올랐으므로, 3년의 거치 기간 동안 이자만 내다가 원금을 갚아야 하는 시기가 닥치면 집을 팔아서 시세 차익을 얻는 부동산 매매 전략이 일반적이었기 때문이다. 3년이면 금리가 변동한다고 해도 아주 크게는 안 오를 것으로 생각하는 것이다. 그러니 당장 한 푼이라도 이자를 아낄 수 있는 변동 금리가 각광을 받았다.

지금은 꽤 많은 사람이 고정 금리를 선호한다. 시중 금리가 많이 낮아져 고정 금리 주택 담보 대출을 하더라도 이자가 연 3~4퍼센트도 안 되는 경우가 많다. 금리 부담이 적은 데다 변동 금리와 고정 금리의 차이도 크지 않다. 10~20년 뒤 이자율이 크게 오를 수 있다고 대비하면 고정 금리가 나을 수 있다.

대출 금리가 아무리 낮아진다 해도 1퍼센트 아래로 떨어지긴 어려울 것이다. 은행의 예대 마진을 감안하면 대출 이자는 저점 마지노선이 있다. 그러나 상승 시에는 한도가 없다. 10~20퍼센트까지 오르는 것도 불가능한 것은 아니다. 2022년 현재 고정 금리 주택 담보 대출 금리가 3~4퍼센트 이내에 형성되어 있으므로 고정 금리를 선택하는 것이 현명한 선택이다.

보험
연금과 노후 대비

보험의 본질:
가진 게 많아지면 지킬 것도 늘어난다

보험을 대하는 자세는 2030 세대와 4050 세대 사이에 차이가 있다. 2030은 지킬 재산이 없기 때문에 보험의 필요성이 낮지만, 4050은 지킬 게 많다. 2030은 질병의 우려도 적고 한순간에 날려버릴 재산도 없다. 반면 4050은 언제든 몸이 아플 수 있고, 그 경우 병원비와 일을 하지 못한 손실에 대비해야 한다.

인생의 경험도 관련이 있다. 4050까지 살다 보면 계획대로 되는 일이 그리 많지 않음을 깨닫는다. 어떤 일도 인생에선 벌어질 수 있다고 생각한다. 보험료를 납부하고 아무 일도 안 생겨 보험금을 타지 않고 계약 기간이 만료됐다면 오히려 "1년을 무사히 보낼 수 있어 감사하다"라고 기뻐하게 된다.

일반적으로 보험이라는 상품에 긍정적인 인식보다 부정적인 인식이 크다. 한 푼이라도 아끼려는 부모 세대에서는 보험은 불필요한 것이고 보험 가입을 권유하는 보험 설계사들을 경계하곤 한다. 보험 가입 경로를 보면 가족, 친척, 동창 등으로부터 가입을 권유받은 경우가 많은데, 가입할 생각이 없었지만 마지못해 가입하는 것처럼 말하기도 한다.

최근에는 다른 형태로 보험 판매 방식이 진화했다. 이제는 보험 설계사라 하지 않고 재무 컨설턴트FC: Financial Consultant로 불리는 이들이 보험을 판매한다. 리스크 보장이라는 목적뿐만 아니라 재테크 수단으로서 보험이 각광받기 시작했다. 삼성생명 등 대형 보험사들은 은행의 PB 센터나 증권사의 WM 센터에 버금가는 규모의 VIP 전용 센터를 만들기도 한다. 재테크 강사들 중에서도 보험 분야에 종사한 경력을 배경으로 하는 사람이 많다.

이는 금융 업종 가운데 소비자를 가가호호 방문해 직접 대면해서 금융 상품을 판매하는 형태는 보험이 유일하기 때문이다. 금융 업종은 크게 은행, 증권, 카드, 보험으로 구분된다. 은행은 소비자들을 찾아다니며 영업하지 않고, 증권사는 영업 사원이 있지만 보험, 자동차 영업처럼 밑바닥부터 훑는 영업을 하지 않는다. 카드사는 과거 외근 영업의 필요성이 있었을 때도 카드 모집인이라는 이름의 외부 인력에 아웃소싱으로 맡겼고, 지금은 대면 영업보다 온라인 제휴 마케팅이 대부분이다.

야쿠르트 아줌마처럼 지역을 커버하는 영업 조직을 갖추고 활동

　　　　　　　　　　　　　　　　2030 부의 지도

하는 판매 조직을 기왕 갖췄다면, 보험 외에 다양한 상품을 추가로 팔아도 되지 않을까? 10~20년 전만 해도 등짐을 가득 지고 집집마다 돌아다니며 생필품을 파는 만물상이 있었다. 지금은 트럭에 싣고 다니며 팔기도 한다. 그마저도 다이소 때문에 자취를 감춘 상태다. 만물상은 되도록 많은 상품을 갖추고 있어야 판매가 성사될 확률이 높다. 그러나 대형 마트처럼 모든 물건을 갖추기에는 물리적 한계가 있어 많이 팔리는 상품 위주로 갖고 다니게 된다.

그러나 금융 상품은 무형의 상품이기 때문에 모든 제품을 갖춰도 큰 짐이 되지 않는다. 10년 전이었다면 카탈로그도 꽤 무게가 나갔겠지만 그마저도 스마트 패드로 대체됐다. 카탈로그가 파일 형태로 바뀌니, 갖고 다닐 수 있는 상품의 수는 무한대다. 재무 컨설턴트들은 순수 보장형 상품 외에 저축, 투자, 절세 등 다양한 성격의 보험을 상품군으로 갖추게 되었다.

보험의 주목적은 삶의 리스크를 대비하기 위한 것이다. 이때 '리스크'란 자산, 즉 돈에 관한 리스크다. 어릴 때 이런 기사를 보았다. 피아니스트가 손에 보험을 들었다든지, 소믈리에가 혀에 보험을 들었다는 뉴스였다. 유명한 미국 배우가 매력적인 입술을 보험에 들었다는 뉴스도 있었다. 손을 잃으면 더 이상 원상태로 복구될 수 없는데, 돈이 무슨 소용인가라고 생각했다. '사망 위험도 든든하게 보장한다'는 보험 광고도 있었다. 내가 죽으면 보험이 무슨 소용일까 싶었다.

지금 와서 보면 이해가 간다. 피아니스트의 손이나 소믈리에의 혀는 생계 수단이다. 사고나 질병으로 손이나 혀가 기능을 잃었을 때

급격하게 생활수준이 하락하지 않게 막으려고 보험이 필요한 것이다.

일반인들에게 삶의 리스크란 사망이나 질병, 상해, 노화 등이다. 부수적으로 자동차 사고, 화재 등에 대한 대비도 필요하다. 한창 돈을 버는 가장이 갑자기 죽으면 남은 가족은 어떻게 될까? 부인이 평생 전업주부로 살았다면 직업적인 커리어가 없는 상태로 일을 시작해야 한다. 경력이 없고 나이가 많다면 최저임금을 받는 업종 외에는 할 수 있는 일이 별로 없다.

게다가 아이가 어리다면 누군가에게 맡기고 일을 해야 한다. 가장이 생명보험을 들었다면 보험금이 아이를 키우는 데 큰 기여를 할 것이다('보험료'는 가입자가 내는 돈, '보험금'은 보험사가 지급하는 돈이다).

노년기에 노동 능력이 없어질 때를 대비하는 것도 필요하다. 생명보험은 죽음을 대비하고, 연금보험은 노년의 생계를 대비한다. 질병이나 상해를 대비하는 보험도 목적은 비슷하다. 병원비로 재산을 날리는 것을 막기 위한 것이다. 자동차보험이 없다면 차를 몰다가 사람을 치어 사망케 한 경우 개인이 감당하기 힘든 금액을 보상금으로 지급해야 할 수 있다. 화재가 나면 나의 전 재산을 다 날릴 뿐만 아니라, 옆집으로 화재가 번지면 그 손해까지 보상해야 할 수도 있다. 질병과 관련된 보험도 세분화된 상품이 많다. 암보험은 물론 치매보험, 치아보험, 심혈관계 질병보험 등 다양하다.

참고로, 내가 현재 납부하는 보험료 명목의 지출은 월 40만 원이 넘는다. 저축 성격의 보험 상품도 있어 금액이 많은 편이다. 세부적으로 보면 종신보험 16만 원, 연금보험 20만 원, 자동차보험 8만 원, 화재보험 2만 원 정도다. 보험 상품은 아니지만 '연금펀드'에 월 10만 원씩 넣고 있는데, 연금펀드도 노후 대비 목적이므로 연금보험과 동일한 상품으로 볼 수 있다. 연금펀드까지 합산하면 리스크 대비용 지출이 월 50만 원을 넘는다.

자동차보험:
싼 보험 말고 좋은 보험 들어라

자동차보험은 재테크에 기여하는 금융 상품은 아니지만, 무작정 비용을 아끼기보다 스마트하게 가입하는 것이 중요하다.

자동차보험은 대인1, 대인2, 대물, 자기 신체 사고 또는 자동차 상해, 자차 손해, 기타 특약으로 항목이 구분되어 있다. 지금은 데스크톱 컴퓨터나 스마트폰으로 인터넷 쇼핑하듯 간단히 가입할 수 있다. 이를 다이렉트 보험이라 한다. 컴퓨터에 익숙지 않은 소수의 노년층은 전화나 대리점 방문을 통해 가입하겠지만, 대부분의 가입자는 다이렉트로 가입한다.

과거에는 업계 상위권 보험사의 자동차보험이 비싼 편이었다. 업계 상위권이 된다는 것은 비싼 땅에 대리점을 내고, 인건비가 비싼 인력을 운용한다는 뜻이므로 비용이 많이 들었다. 그런데 다이렉트보험이 일반화되면서 반전이 일어났다. 인터넷 가입은 영업 인력이 필요 없고 프로그램만 잘 만들면 된다. 업계 상위권일수록 시스템에 투자할 여력이 크기 때문에 가입 프로그램의 성능이 우수하다.

자동차보험 가입을 위한 프로그램 하나를 구축하는 데는 기본적인 비용이 든다. 가입자가 많건 적건 상관없이 들어간다. 가입자가 많을수록 고객 1인당 비용이 줄어든다. 상위권 업체일수록 보험료를 싸게 책정할 수 있다. 그러다 보니 상위권 업체와 하위권 업체의 격차가 점점 벌어지고 있다.

자동차보험 가입 시 하나의 팁을 제시하면, '싼 보험'보다 '좋은 보험'을 들라는 것이다. '좋은 보험'의 기준은 가격이 아닌 서비스를 말한다. 자동차보험의 보장 항목은 표준화되어 있어 모든 보험사가 동일하므로 가입 시에는 차별화를 체감하기 어렵다. 서비스의 품질은 사고가 났을 때 판가름 난다. 사고가 났을 때의 서비스란 콜센터 대기 시간이 짧은가, 사고 처리 차량이 빨리 오는가, 사고 처리 기사의 현장 처리가 능숙한가, 사후 보상팀의 설명이 알아듣기 쉽고 친절한가 등이다.

사고가 많이 나는 '비 내리는 주말 밤' 사고가 났다고 가정하자. 상대방 차는 보험사와 연락이 닿아 이미 사고 처리 기사가 와 있는데, 나는 아직 콜센터 직원과도 통화하지 못하고 대기 상태라면 어떨까? 사고 처리 기사가 올 때까지의 시간이 굉장히 길고 난처하게 느껴질 것이다.

사고 처리 기사의 능력은 아무래도 상위권 보험사일수록 우수하다. 상위권 보험사는 규모가 크므로 사고 처리 업체도 비교적 역량이 있는 업체들이 서로 일감을 맡으려고 경쟁한다. 하위권 보험사는 물량이 충분하지 않으므로, 사고 처리 업체 한 곳이 여러 보험사의 의뢰를 받아 일한다.

여러 보험사와 계약한 사고 처리 업체는 보험사에 대한 충성도가 아무래도 떨어지므로 친절도에 차이가 있다. 또한 친절하고 능력 있는 사고 처리 인력은 점차 상위 업체로 이직할 것이므로 서비스 품질에 차이가 존재한다. 교통사고가 나서 보험사에 전화해 사고 처리 기사가 왔을 때, 그가 타고 온 차에 보험사 로고가 찍혀 있으면 독점 계약 업체이고, 로고 없이 '교통사고 처리 차량'이라고만 씌어 있다면 여러 보험사를 고객사로 모시는 업체다.

지금은 모든 자동차보험 상품의 견적을 온라인에서 낼 수 있다. 시간이 있다면 각 보험사마다 견적을 내어보기 바란다. 국내 자동차보험을 취급하는 보험사는 열한 개이니 상위 다섯 개 업체만 해봐도 괜찮다. 의외로 업계 상위 업체가 가격도 저렴하다는 것을 알게 될 것이다.

자동차보험 가입 시 다른 것은 선택의 여지가 많지 않은데, 주의 깊게 볼 항목이 '대물'이다. 하나의 팁을 알려주면, '대물' 보장 한도 '1억 원'과 '10억 원'의 보험료 차이는 대개 1만 원도 되지 않는다는 점이다. 대물 한도의 중요성에 대해 잠깐 알아보자.

10년도 지난 뉴스다. 고속도로에서 쏘나타(NF) 차량이 화물차와 충돌해 화물차에 실려 있던 4억 원짜리 람보르기니 차량이 땅으로 추락하면서 '전손 처리' 되었다. 전손 처리란 수리비가 자동차 가격보다 많으면 수리하는 대신 폐차를 택하고 그 차의 잔존 가치를 현금으로 주는 것이다. 예를 들어, 중고 시세가 1000만 원인 차가 파손되어 수리비로 1500만 원의 견적이 나왔다. 보험사로서는 수리비를 주기보다, 잔존 가치 1000만 원을 주는 것이 이익이다.

자동차 소유자로서는 아끼던 차를 폐차하면 가슴이 아프겠지만, 이렇게 할 수밖에 없는 이유는 새 차나 오래된 차나 부품 가격과 공임비가 비슷하기 때문이다. 4000만 원짜리 신차를 수리할 경우 수리비가 1000만 원 나오면 수리로 처리하겠지만, 동일한 차가 세월이 흘러 잔존 가치가 900만 원이 되었을 때 수리비가 1000만 원 나오면 보험사 입장에서는 수리가 손해인 것이다.

앞서 언급한 람보르기니 전손 사고 분석 결과, 승용차와 화물차의 과실 비율이 5 대 5로 나왔다. 쏘나타 차주가 손해액 4억 원의 절반인 2억 원을 물어주게 되었는데, 그의 대물 한도는 안타깝게도 1억 원이었다. 쏘나타 차주가 자기 돈으로 나머지 1억 원을 물어주어야 했다. 만약 그가 대물 한도를 10억 원으로 높여 가입했다면, 아니, 2억 원으로만 높였어도 자신의 돈이 들지 않았을 것이다.

쏘나타의 안타까운 사고 이후 10년도 넘은 지금은 더더욱 대물 한도를 높여야 한다. 국산차도 1억 원이 넘는 차가 생겼고, 수입차는 1억 원 넘는 차가 수두룩하고 5억 원 넘는 차도 도로를 돌아다닌다. 내가 자동차를 처음 산 2005년에는 대물 한도 1억 원도 많은 편이었고, 렌터카들의 대물 한도는 3000만 원이 기본이었다.

여담으로, 렌터카를 빌릴 때도 대물 한도를 주의해서 살펴야 한다. 요즘은 렌터카의 대물 한도가 2000만 원으로, 말도 안 되게 낮게 책정돼 있다. 국내 상위 두 업체가 동일하게 그 금액으로 되어 있는데, 이를 알고 이용하는 운전자는 많지 않다.

또한 최근 많이 이용하는 차량 공유 서비스의 경우 대물 한도가 1억 원으로 책정돼 있으나 과속, 중앙선 침범, 신호 위반 등 10대 중과실을 범한 경우 보험을 적용해주지 않아 이슈가 되기도 했다. 왕복 2차선 도로 한쪽에 불법 주차된 차들을 피해 가기 위해 중앙선을 넘어 주행하다 마주 오는 차와 부딪혀도 중앙선 침범으로 인한 사고이므로 보험 적용이 되지 않는다.

대물 보상에는 자동차뿐만 아니라 기물도 포함된다. 몇 년 전 내가 얼음판에서 미끄러져 단독 사고를 냈을 때, 구청에서 전화가 왔다. 가드레일과 가로등 파손의 원상회복 비용을 내라는 내용이었다. 물론 보험사에 연락해 보험사가 대물 배상으로 지급토록 했다.

대물 한도는 가능한 한 최대 금액으로 하는 것을 추천한다. 대부분의 보험사에서 최대 대물 한도는 10억 원이고, 5억 원인 경우도 있다. 대물 한도를 최대로 높인다고 해도 금액 차이는 연간 1만 원 이내다.

종신보험:
신중히 가입하고 꾸준히 유지하라

지금은 많이 광고하지 않지만 20년 전만 해도 종신보험이 상당히 인기였다. 보험사 입장에서 가입자 1인당 내는 금액이 커서 한 명만 가입시켜도 남는 것이 많았다. 종신보험은 간단히 말하면 사망을 보장하는 생명보험에 연금 목적의 적립금을 추가하고, 특약으로 암 보장 등을 넣을 수 있다.

　종신보험은 내가 가장 처음 가입한 정기 보험이다. 2000년대 초 학교 선배가 보험사에 취업했는데, 영업 사원이 아니고 사무직이었지만 사내 할당이 떨어져 영업을 해야 했다. 선배의 권유로 2003년 종신보험에 가입할 때 함께 가입한 대학 동기 한 명은 1년이 지나지 않아 보험을 해약했다. 나는 보험을 유지하고 월 15만 8000원을 지금도 꾸준히 납부하고 있다. 저금리 시대가 되면서 보험은 옛날에 가입한 것일수록 보장이 상대적으로 좋다. 어떤 보험사는 30년 전 가입한 고객에게 사은품을 제공하며 해지를 유도하기도 한다.

생명보험은 가장의 사망으로 남은 가족들이 경제적 어려움을 겪지 않도록 하려는 목적의 상품이다. 결혼을 하지 않았다면 처자식이 없으니 생명보험의 필요성이 없을까? 부모가 국민연금도 가입하지 않았고, 별다른 노후 보장 수단이 없어 자식에게 의존하고 있다면 자신의 사망에 대한 보장으로서 생명보험이 필요할 수 있다.

종신보험 가입자가 65세에 이르면 자녀가 성장해 독립할 나이가 되고, 노부모는 사망하거나 사망에 가까워진다. 이때는 자신의 사망으로 인한 유족의 생활고 리스크보다 자신의 노화로 인한 리스크가 커지는데, 이때 종신보험을 연금으로 전환할 수 있다. 생명보험과 연금보험을 처음부터 함께 들면 종신보험과 비슷한 효과를 낼 수 있다.

한편, 종신보험은 상속세 절세 방안으로도 인기가 있는데, 부모가 보험료를 내다가 사망해 자녀에게 보험금이 지급되면 상속 재산으로 보고 과세한다. 그러나 가입자를 부모로 하고 보험료를 자녀가 내면 부모 사망 시 보험금을 상속 재산으로 보지 않는다.

국민연금:
의심스럽지만 버릴 수 없는 카드

금수저가 아닌 이상 국민연금은 버릴 수 없는 카드다. 국민연금에 대한 부정적인 견해도 있는데, '연금 고갈 우려'와 '내가 원할 때 꺼내 쓸 수 없다'는 점이다. 지금의 산식으로 계산하면, 연금 고갈은 시간문제다. 현재 소득의 9퍼센트를 납부하는데, 퍼센트 수치를 더 높이거나, 받는 시기를 65세보다 뒤로 늦추거나, 소득 대체율을 낮추자는 얘기가 꾸준히 나온다.

　우선 고갈 우려에 대해 살펴보자. 국민연금은 현재 '적립식'으로 내가 낸 납부액을 적립해 나중에 돌려받는 구조다. 상대적인 개념은 '부양식'으로 적립된 금액이 고갈됐을 때 지금 들어오는 국민연금 납부액을 실시간으로 국민연금을 받을 사람에게 주는 방식이다.

연금이 고갈됐다고 국민연금 지급을 멈추는 게 아니라 적립식을 부양식으로 전환하는 것이다. 다만 이 방식은 심각한 부작용이 예상된다. 1971년생은 인구 통계를 낸 이래 가장 많은 102만 명의 신생아가 태어난 세대다. 최근 신생아 수는 30만 명이 되지 않는다. 40년 뒤 국민연금 기금이 고갈된 뒤 100만여 명의 국민연금을 30만 명이 부양식으로 부담한다면 당연히 사회적 갈등이 생길 것이다.

그래서 법률로 지급을 보장한 공무원연금처럼 국민연금도 법률로 보장해달라는 청원이 끊이지 않는다. 공무원연금 지급을 위해 매해 많은 세금이 들어가고 있다. 그러나 국가는 아직 국민연금을 법적으로 보장하는 문제에 긍정적으로 답변한 적이 없다. 연금 개혁이 선거에서 표를 떨어뜨리는 이슈이다 보니, 정부는 연금 개혁에 대해 언급하길 꺼린다. 지지율이 높은 대통령 임기 초반에 연금 개혁을 조금이라도 해결해야 한다는 목소리가 나온다.

금수저가 아닌 이상 국민연금을 꼬박꼬박 납부해야 하는 이유가 있다. 국민연금 자체에 '부의 사회적 분배' 기능이 있기 때문이다. 고소득자는 자신이 내는 것에 비해 상대적으로 적게 받고, 저소득자는 자신이 내는 것에 비해 상대적으로 많이 받는다. 그래서 부자는 국민연금을 싫어한다.

직장인이라면 국민연금 납부액의 절반을 회사가 내어준다. 급여의 9퍼센트로 납부되는 국민연금 중 절반(4.5퍼센트)을 자신이 부담하고, 회사가 나머지(4.5퍼센트)를 부담한다. 월 국민연금 액수를 밝히면 자신의 급여를 역산으로 계산할 수 있으니, 자신의 연봉을 만천하에 공개할 것이 아니라면 국민연금 납부액은 비밀에 부쳐야 한다. 회사가 내는 4.5퍼센트의 국민연금은 꽤 큰 액수다. 회사를 나와 자영업을 하거나 프리랜서를 하는 이들이 처음 회사의 부재를 느끼는 부분이 건강보험과 국민연금이다. 창업을 해서 직원들의 국민연금을 부담해야 하는 입장이 되면 큰 부담으로 다가올 것이다.

공무원연금은 20년 근속을 해야 자격을 주지만, 국민연금은 10년 납부 기한을 채우면 받을 자격이 생긴다. 10년 연속으로 내지 않고 중간에 공백이 있어도 연금 수령 개시일 전에 총 120개월을 채우면 된다. 아르바이트를 하러 갔을 때 업주가 '4대 보험(국민연금·건강보험·고용보험·산재보험)'을 가입할지 말지 물어본 경험이 있을 것이다. 젊은이라면 수십 년 후 받을 돈보다 당장 수중에 떨어지는 돈이 더 중요하게 여겨질 것이다. 업주 입장에서는 아르바이트생이 국민연금과 건강보험을 원치 않으면, 업주가 아르바이트생의 국민연금과 건강보험의 절반 몫을 내지 않아도 되므로 이익이다. 그러니 아르바이트생 입장에서는 당장 돈 몇 푼 더 받는 것보다 멀리 내다보기 바란다.

국민연금에 대한 오해 두 번째는 내가 낸 돈을 내가 빼서 쓸 수 없다는 데 대한 것이다. 한 시사 프로그램에서 보도한 내용이다. 만 59세 가입자가 국민연금 수급 자격을 한 달 앞두고 사망했다. 수십 년 납부한 국민연금을 노후의 버팀목으로 삼기 한 달 전에 사망한 것이다. 문제로 지적된 것은 가족이 국민연금으로 한 푼도 받지 못한다는 점이다. 가입자가 한 달이라도 연금 수급을 개시한 상태에서 사망했다면 그 몫을 배우자가 유족연금으로 평생 받을 수 있었다. 그의 자녀는 "아버지가 평생 부은 돈을 왜 가족이 한 푼도 못 받는가"라고 분노했다.

어쩔 수 없다. 국민연금을 물이라고 가정하면, 국민연금은 자기 물병에 보관하는 것이 아니라 모두가 이용하는 저수지에 부은 뒤 65세가 되어 한 바가지씩 떠먹는 물이다. 일종의 공적 부조로 탄생한 개념이다. 국민연금은 기본적으로 개인의 노후를 보장하기 위한 것이라 사망으로 노후 리스크가 사라지면 지급할 이유가 없다고 볼 수 있다.

만약 납부 도중에 사망한 사람 몫까지 챙겨주도록 제도를 바꾼다면 지금보다 더 많은 재원이 필요하므로 개인당 납부액은 더 많아지고, 수급액은 더 줄어들 것이다. 더 많은 돈을 내고 더 많은 사람이 보장을 받게 할 것인지는 사회적 합의가 필요하다. 지금으로서는 65세 이전에 사망하면서 생기는 리스크는 개별적으로 생명보험을 드는 것으로 대비해야 한다.

연금저축:
이보다 높은 수익률은 없다

2012년 근무하던 매체에서 노후 대비 기사를 쓰기 위해 당시 미래에 셋생명 은퇴연구소 소장을 인터뷰했다. 여러 이야기를 하다가 연금저축 이야기가 나왔다. "이만한 수익률을 가진 금융 상품은 오로지 연금저축밖에 없다. 들지 않을 이유가 없다"고 그 소장은 말했다.

우선 이름이 '연금저축'인 이유를 살펴보자. 과거에는 '개인연금'이었다. 국민연금, 퇴직연금처럼 법적으로 정해진 연금과 별도로, 개인이 드는 노후 대비용 금융 상품을 '연금'에 빗대 개인연금으로 불렀다. 이후 세제 혜택을 확장하면서 항목의 명칭을 구분해 '연금저축'으로 붙였다. 이름만 다를 뿐 연금저축도 개인연금의 성격을 지녔다 할 수 있다.

연금저축 수익률이 독보적인 이유는, 우선 연금저축도 금융 상품이니 자체 수익률이 있다. 연금저축으로 들어온 자금을 운용해 수익을 낸다. 그와 별도로, 자산 운용 수익률보다 비교도 안 되게 큰 수익이 있으니 '소득공제'다.

급여 소득자, 쉽게 말해 월급쟁이들은 매월 나라에서 소득세를 떼어 가는데, 회사가 '미리' '대신' 국세청에 내는 것이다. 이를 원천징수라 한다. 원천징수 때의 소득세는 확정되지 않은 상태다. 해당 연도가 끝난 뒤 연말정산을 통해 소득세가 정확하게 산출된다. 흔히 말하는 '연말정산'이란 1년 동안의 소득세를 정확하게 산정하고, 원천징수 때 '대략' 걷은 것과의 차액을 돌려받거나 혹은 내거나 하는 것을 말한다.

그럼 '소득공제'란 무엇일까? 1년 동안 직장에서 받은 '총급여'에서 '소득공제'를 제외하면 소득세를 매기는 기준인 '과세표준'이 나온다. 기업 경영에서 '매출-비용=이익'이듯이, 근로 소득자도 총소득에서 비용 격인 소득공제를 뺀 것이 소득세를 매기는 기준인 '과세표준'이 되는 것이다. 동일한 연봉을 받는 입사 동기라도 소득세는 달라지는데 이는 부양자 수, 카드 사용액, 보험료 납부액 등 소득공제 내역이 천차만별이기 때문이다.

연금저축은 '소득공제'가 가능한 상품이었다. 소득세율이 평균 10퍼센트인 급여 소득자가 연 400만 원의 연금저축에 가입하면, 원래 400만 원의 소득에 부과될 소득세 40만 원(400만 원의 10퍼센트)을 내지 않아도 되는 것이다. 연금저축 400만 원을 가입함으로써

40만 원의 추가 수익이 생기는 것이다. 수익률로 따지면 10퍼센트다. 은퇴연구소 소장이 "이런 수익률을 가진 금융 상품은 없다"고 한 이유가 이것이다.

방금 언급한 소득세율 10퍼센트는 연봉 4000만 원대를 가정한 것으로, 연봉이 높아질수록 소득공제 효과는 더 커진다. 고액 연봉자의 경우, 소득세율이 30퍼센트라면 400만 원의 연금저축을 납부해 얻는 소득공제 수익은 120만 원에 달한다. 원천 징수된 소득세 중에서 120만 원을 연말정산으로 돌려받을 수 있었다.

지금은 연금저축이 '소득공제'가 아닌 '세액공제'로 바뀌었다. 소득공제로 하면 소득세율이 높을수록 절세액이 커져, '연금저축이 부자들을 위한 재테크 수단이냐'는 비난을 들었기 때문이다. 이후 소득세율과 상관없이 모든 소득자에게 동일하게 10퍼센트 안팎의 공제율을 적용하는 '세액공제'로 바뀌었다.

10퍼센트만 해도 대단한 수익률이다. 사회 초년생처럼 소득세율이 10퍼센트 미만일 때 연금저축의 세액공제 효과는 더욱 커진다. 대신 주의할 사항이 있다. 연금저축을 연금 전환 전에 해약하면 그간 세액공제로 얻은 이익을 모두 토해내야 한다.

연금저축은 보험사 상품뿐만 아니라 펀드로도 가능하다. 나의 경우 월 20만 원은 '연금보험'으로 보험사에, 10만 원은 '연금펀드'로 증권사에 납부하고 있다. 둘 다 소득공제 대상이다. 은퇴연구소장과의 인터뷰를 마친 그날 바로 인터넷으로 가입했다. 아무리 생각해도 '이만한 금융 상품이 없다'는 소장의 말이 진리였기 때문이다. 연금저축의 소득공제 한도는 연 400만 원으로, 매월 33만 4000원씩 넣으면 연 400만 원가량이 된다. 세액공제 10퍼센트를 적용하면 40만 원의 소득세가 절감되는 셈이다.

주의할 사항은 '모든' 연금저축 상품에 소득공제 혜택이 부여되지 않는다는 점이다. 소득공제 상품은 상품 설명에 '소득공제 가능'이라고 표시되어 있다. 이렇게 좋은 장점을 금융사가 어필하지 않을 리가 없으므로, '소득공제 가능'이라고 쓰여 있는지 반드시 확인하기 바란다.

연금저축은 펀드로도, 보험으로도 가능하다. 단, '종신 지급'되는 상품은 생명보험사에서만 가입 가능하다. 나의 경우, 증권사가 판매하는 연금펀드 상품은 65세에 연금을 개시해 85세까지만 지급하는 상품이다. 연금 지급 시기도 잘 확인하기 바란다.

정부는 2015년 납입분부터 퇴직연금에도 연금저축과 동일하게 소득공제(세액공제)를 적용하고 있다. 퇴직연금의 세액공제 한도는 300만 원이다. 즉 연금저축으로 400만 원, 퇴직연금으로 300만 원, 합해서 700만 원의 세액공제가 가능해졌다. 2020년 납입분부터는 만 50세 이상에 한해 퇴직연금 소득공제 한도가 200만 원 추가돼 '연금저축+퇴직연금'의 세액공제 한도가 900만 원이다.

퇴직연금은 소속된 회사가 퇴직금을 대신해 일정액을 적립하는 것이 있고, 이와 별도로 개인이 은행에 가서 IRPIndividual Retirement Pension(개인형 퇴직연금) 계좌를 만들어 납부하는 것이 있다. 퇴직연금 세액공제는 개인이 직접 납부한 것에 한해 적용한다.

주의할 점은, 노후 대비는 필수 재테크 항목이지만 젊은 시기에 연금 납부로 너무 스트레스를 받지는 말기 바란다. 젊을 때는 집을 사기 위한 종잣돈 만들기가 더 중요할 수도 있다.

실손보험:
헬스클럽 갈까, 실손보험 들까

실손보험이란 병원 치료비를 보장하는 보험이다. 실손보험이 등장한 초기에는 병원비의 100퍼센트를 지급했지만, 과잉 진료에 대한 도덕적 해이 논란이 일자 자신 부담금 10퍼센트, 보험금 90퍼센트로 바뀌었다. 그 이후 자신 부담금을 20퍼센트로 올리는 방향이 논의되다가 최근에는 아예 보험사들이 실손보험 판매를 중단하는 추세다. 과잉 진료가 제어할 수 없을 정도가 되어 실손보험을 판매한 보험사의 손해가 막심했기 때문이다. 이후 병원비를 많이 청구할수록 보험료가 할증되고, 병원비를 적게 청구하면 보험료가 할인되는 실손보험이 도입됐다.

실손보험에 대해 개인적으로는 필요성을 낮게 본다. 40대 후반의 '젊은 나이'라 그럴 수 있다. 병원에 가면 '40대 후반'은 젊은 축에 속한다. 45세 때 교통사고로 머리 수술을 받았는데, 진료 과정에서 의사가 자꾸 '젊으시니까 걱정 안 하셔도 된다'고 말했다. '나이를 먹을 만큼 먹었는데 뭐가 젊다는 거지'라고 생각했는데, 신경외과에 입원해보니 내가 가장 어렸다. 숨쉬기도 어려워하는 노인, 제대로 몸을 가누지 못하는 노인이 대부분이었다. 팔다리를 다치는 사고로 외과에 입원했다면 병실 동료의 연령대가 다양했을 텐데, 퇴행성 질병이 많은 신경외과는 노인 환자가 많았다.

실손보험 가입에 부정적인 이유는, 국가가 보장하는 건강보험을 적용한 우리나라 병원비가 싼 편이라 그렇다. 국가 의료보험이 없고 의료비가 비싼 미국이라면 민영 의료보험이 필수다. 한국에서는 대통령 선거, 국회의원 선거를 거듭할수록 건강보험이 보장하는 질병의 수는 늘고 환자 부담액은 줄고 있다.

거동을 못할 정도로 몸이 망가지지 않는 한 병원비 때문에 전 재산을 날릴 가능성은 크지 않다. 건강보험이 의무이지 않던 1988년 이전에는 가족 중 누가 큰 병에 걸리면 집안이 망할 정도로 치료비가 많이 들었다. 하지만 지금은 아무리 큰 병이라도 병원비가 자동차 가격 이상으로 높아지진 않는다. 젊을 때는 모아놓은 돈이 없으므로 실손보험의 필요성이 커질 수도 있다.

사람에 따라 다르지만, 개인적으로 실손보험 대신 금주와 금연, 다이어트, 운동으로 건강을 유지하는 것을 추천한다. 재테크도, 건강도 성실해야 성공할 수 있다. 일반적인 대중이 성실하게 금주, 금연,

다이어트, 운동을 꾸준히 하기는 쉽지 않다. 그래서 실손보험이 팔리는 것인지도 모른다. 다만 암보험은 필요에 따라 들어주면 좋다. 암 치료는 병원에서 오랜 기간 보내며 많은 치료비가 나오기 때문에 부담이 될 수 있다. 나는 가입해둔 종신보험에 암 보장을 특약으로 넣어두었다.

실손보험에 대해 부정적인 얘기를 했지만, 월 보험료가 2만 원대로 선택할 수 있는 실손보험이 많기 때문에 '치맥' 한 번 안 한다고 치고 가입해보는 것도 괜찮을 것이다. 자신이 직접 해보고 판단해야 후회가 없다.

5
장 —

잡테크
직장 생활의 기술

잡테크:
불리는 것보다 버는 것이 중요하다

지금까지 흔히 재테크 카테고리로 분류하는 금리와 주식, 부동산, 보험에 대해 얘기해보았다. 그런데 가장 중요한 것은 따로 있다. 안정적인 재테크에서 가장 중요한 것은 금융 상품을 잘 고르는 것이 아니라, 성실한 직장 생활이다. '직장 생활이 왜 재테크 가이드에?'라고 생각할 수 있는데, 인간관계라든지 자기계발과 같은 내용 말고 경제적인 부분에 한해 살펴보자. 두 가지 이유가 있다.

첫째, 앞서 설명한 대로 수중에 가진 돈을 마중물로 삼아 투자를 하려면 레버리지가 필요하다. 개인에게 레버리지란 대출을 뜻하는데, 안정적인 소득이 보장되지 않으면 선뜻 빚을 내기가 어렵다. 예를 들어 주택 담보 대출로 3억 원을 20년 만기로 빌린다면, 원금만도 매달

125만 원을 갚아야 한다. 자신이 30대 중반이고 50대 중반까지 20년 넘게 직장 생활을 할 것이라고 확신한다면 월 125만 원은 감내할 만한 부담이다.

집을 살 때뿐 아니라 자동차처럼 고액의 소비재를 살 때도 마찬가지다. 3000만 원짜리 자동차를 60개월(5년) 할부로 산다고 하면 원금은 월 50만 원이다. 직장을 5년 이상 꾸준히 다닐 것으로 확신하면 갚는 것이 무리한 부담은 아니다.

다만 월 300만 원 급여를 받는 직장인이 앞서 언급한 주택 담보 대출로 월 125만 원과 자동차 할부로 월 50만 원을 갚는다면 '숨만 쉬고 살아야' 하는 수가 있다. 이자까지 고려하면 월 100만 원 이내 생활비로 살아야 한다. 이른바 하우스 푸어, 카 푸어다. 과도한 빚을 내는 것은 오히려 생활수준과 삶의 만족도를 떨어 뜨린다.

돈을 많이 버는 것 같은데도 프리랜서로 일하는 사람이 재테크를 하기 어려운 이유가 여기에 있다. 이름난 강사나 방송 활동을 하는 사람을 보면 강연료, 출연료를 일반 직장인에 비해 많이 받음에도 소득의 불확실성이 크기 때문에 선뜻 고액을 대출하기가 어렵다. 요즘에는 한두 달만 연체가 발생해도 채권 회수에 들어가기 때문이다. 월급이 많건 적건 안정적인 직장이 있으면 계획을 세울 수 있고 꾸준하게 실천할 수 있는 재테크 습관을 만들 수 있다.

직장 생활이 중요한 둘째 이유는, 일을 열심히 해서 늘어나는 소득이 재테크 수익률보다 높기 때문이다. 물론 직장 생활에서 일에 대한 보람보다 연봉 액수를 더 중시하는 식으로 주객이 전도되면 안 된다. 연봉 상승을 목표로 이직을 밥 먹듯이 하다 보면 오히려 조직에 적응하지 못하는 사람, 언제든 조직을 배신할 수 있는 사람으로 보일 수 있다. 한곳에서 적어도 3년 이상은 일해야 일이 돌아가는 원리를 이해하고 창의적인 응용도 해보며 숙련도를 높일 수 있는데, 잦은 이 직은 능력을 키울 기회를 날려버릴 수 있다. 이직을 통한 커리어 관리 는 적절해야 한다.

재테크 전문가들을 보면 재테크 자체보다 재테크 콘텐츠를 팔아 서 돈을 버는 경우가 많다. 재테크 강사로 유명해지면 강연을 많이 다 니고, 그러다 보면 강연료가 높아지고 책을 써도 베스트셀러가 되고, 유튜브를 찍어도 구독자 수가 빨리 늘어난다. 자신 스스로 성공적인 투자를 하기도 하지만, 그 투자의 스토리를 콘텐츠화해서 자신의 몸 값을 더욱 높이는 시너지 효과를 노리기도 한다.

첫째와 둘째 이유를 가만히 보면, 얄팍한 재테크로 부자가 되겠 다는 마음가짐보다는 일을 열심히 하면서 부가적으로 재테크를 해야 성공할 수 있음을 알 수 있다. 즉, 부자가 되기 위한 메인 전략은 일을 열심히 하는 것이고, 둘째가 재테크 스킬이다.

취업:
'취업' 부터 하고 '구직' 해라

안정된 직장에 취업하게 되면 어느 정도 인생의 경로가 정해진다. 첫 직장의 소득 수준이 어느 정도 기준점이 된다. 연봉 3000만 원을 받던 직원이 이직하면서 연봉이 3억 원으로 뛰지는 않는다.

이직이란 그간 쌓아온 경력을 바탕으로 옮기는 것이다. 따라서 대체로 동종 업계로 이직하게 된다. 그 경우 연봉은 10퍼센트에서 많으면 30퍼센트 정도 오른다. 프로야구 선수처럼 갑자기 연봉이 두 배, 세 배로 오르진 않는다.

한 업종에 발을 들이면 평생 그 업종을 벗어나기 어렵다. 10년 차 기자가 갑자기 요리사를 한다면 고등학교를 갓 졸업한 수습 요리사와 동일한 대우를 받는다. 아무런 경력이 없으니 기존 직장의 연봉을 받지 못할 것이다. 첫 취업 이후 노력을 통해 실력과 명성을 쌓은 뒤 동종 업계의 상위권 회사로 옮기면서 연봉을 높이는 과정이 보통이다.

여기서 하나의 교훈을 얻을 수 있다. 투자 수익률을 10퍼센트 높이는 것보다, 일을 열심히 해서 자신의 가치를 높이는 것이 돈을 불리는 더 빠른 길이라는 점이다. 이 역시 일을 열심히 해서 부자가 되는 것이라 할 수 있다.

취업은 이른 나이에 빨리 하는 것이 좋다. 취업한 곳이 자신과 맞지 않을 때 새로운 길을 모색할 기회가 있기 때문이다. 취업 준비생이 선망하는 삼성그룹의 신입 사원 이탈률이 30퍼센트나 된다고 한다. 그건 삼성의 근무 여건이 나빠서가 아니라, 삼성에 입사할 정도의 인재라면 삼성이 아닌 어떤 회사라도 갈 능력이 되기 때문이다. 서울대 중퇴하고 카이스트 가는 격이다.

여자인 경우 노력과 천운이 맞으면 대학교 졸업 전인 스물세 살에 취업이 가능하다. 취업했더니 자신이 속한 팀의 팀장과 사이가 좋지 않을 수 있다. 그렇게 스트레스를 받고 있는데, 자신보다 나이가 두 살 많은 스물다섯 살 여자가 신입 사원으로 들어왔다. 그걸 보면 어떤 생각이 들까? '어, 내가 지금 그만 둬도 다시 신입으로 취업할 수 있잖아'라는 생각이 든다.

게다가 직장 생활을 조금 해보면 회사 업무에 대한 감을 잡기 때문에 '생초보' 취준생에 비해 실무 경쟁력이 앞선다. 직장 생활을 경험해본 것과 아닌 것의 차이는 크다. 학생 때 해외 연수도 해보고, 여유로움도 느끼기 위해 휴학을 1~2년 하고 싶은 욕구가 누구에게나 있겠지만, 그 1~2년을 참고 취업을 빨리 한 뒤 1~2년에 걸쳐 앞으로 30~40년 보낼 직장을 제대로 찾는 과정이 더 중요하다.

남자인 경우 나이 서른을 꽉 채워 취업을 했다면, 섣불리 회사를 그만두고 다른 회사에 신입으로 들어갈 엄두가 나지 않는다. 직장이 마음에 들지 않아도 대안이 없으니 꾹 참고 다녀야 한다. 서른이 넘는 신입 사원도 불가능한 것은 아니지만, 대개 그 회사에 먼저 들어온 대리, 과장급과 나이가 비슷하다면 선뜻 뽑기가 꺼려질 수 있다. 보통 3~5년 차에 대리, 5~7년 차에 과장급이 된다. 다만 요즘은 이런 연차에 따른 승진 적체 현상으로 직급을 없애고, '매니저', '프로' 등의 직급으로 통합하는 추세다.

한편, 이직에도 기술이 필요하다. 다른 곳에 신입 사원으로 들어가든 자영업을 하든, 새로운 꿈이 생겼다면 직장을 다니면서 준비하는 것이 최선이다. 한 카페 창업자가 쓴 책에서 한 말이다. 그는 카페를 창업하려 회사를 그만둔 뒤, 6개월 동안 바리스타 아카데미를 다니고 자격증을 따기 위해 시험을 준비하고, 커피 박람회를 다니며 커피 기계는 어떤 것이 좋은지, 가구와 인테리어는 어떻게 할지 컨설팅을 받는 과정을 겪은 뒤 이렇게 말했다. "이건 회사 다니면서 준비할 수도 있었는데, 회사를 그만두고 하려니 몇 달 동안 수입이 없는 소득 공백만 생겼다."

회사를 그만두기 전에 미리 창업 준비를 했다면 월급을 받으면서 짬짬이 준비할 수 있는 것들이었는데, 의욕만 앞서 덜컥 회사를 그만둔 것이다. 억 단위의 큰돈을 들여 창업하기로 한 마당에 그 정도 돈이 대수인가 싶겠지만, 생활비로 그 금액이 있는 것과 없는 것은 큰 차이다. 만약 월급 300만 원을 받던 직장인이 회사를 그만두고 3개월 동안 창업을 준비했다면, 그는 900만 원의 소득을 손해 본 것이다. 그 뿐만이 아니다. 건강보험 직장 가입자가 지역 가입자로 바뀌면 그간 '이렇게 많은 돈을 건강보험료로 내었다니'라고 새삼 실감할지도 모른다.

이직:
지금 다니는 회사를 구직에 이용하라

자신의 능력을 과신해 무작정 회사를 그만두는 것도 피해야 한다. 윗사람과의 트러블이나 업무적인 스트레스가 심해 즉흥적으로 사직서를 던지면 어떻게 될까? 능력과 재취업은 별개의 문제다. 타이밍이 맞지 않을 수 있기 때문이다.

능력이 뛰어날수록 빨리 취업할 확률이 크지만 늘 통하는 법칙은 아니다. 인생은 타이밍이라고 하는데, 취업 시장에서도 타이밍이 중요하다. 회사에서 팀장이 되어 사람을 뽑는 위치가 되니 느껴지는 바가 있다. 어떨 때는 당장 일손이 당장 필요해 '물음표'인 사람이라도 뽑아야 하지만, 어떤 때는 '느낌표'인 사람이 다수 지원했어도 한 명만 뽑고 나머지를 탈락시켜야 하는 안타까운 상황이 생긴다.

이번에 떨어진 사람이 앞서 뽑았던 사람보다 능력이 뛰어난 사람일 수 있다. 뽑는 입장이 되어보니 확실히 취업은 '운빨', '진인사대천명'이다.

직장을 그만두고 재취업을 못한 채 몇 달이 지나면 조급해지기 시작한다. 조급해지면 취업 제안이 와도 제대로 된 협상을 하지 못한다. 직장에 다니는 상태라면 현재 근무 조건보다 유리한 제안을 요구할 수 있고, 상대가 받아들이지 않으면 거절하는 배짱을 부릴 수도 있다. 이 경우 급한 쪽은 뽑으려는 회사고 느긋한 쪽은 제안을 받은 나다. 반대로 백수인 상태에서는 당장 취업이 급하니 마음에 들지 않는 조건도 받아들이는 수밖에 없다. 급한 쪽은 나고 느긋한 쪽은 회사다.

뭐든 무리하면 탈이 난다. 갑자기 직장을 때려치운다든지, 잘 알지도 못하는 투자 상품에 올인을 한다든지, 너무 많은 빚을 진다든지 하는 행동을 하지 말아야 한다. 충동적인 사람보다는 안정적인 사람이 재테크를 잘하는 이유다.

직장을 무작정 그만두면 안 되는 또 다른 이유는, 자의로 그만둔 경우 실업급여를 받을 수 없다. 10여 년 전에는 자의로 그만두어도 직장에서 실업급여를 받을 수 있도록 사유를 제공해주기도 했는데, 지금은 거짓으로 해고 사유를 만들기가 쉽지 않다.

최근 정치권의 추세는 실업급여의 금액을 높이고 기간을 길게 하려 한다. 그러다 보니 예산이 많이 들고, 정해진 예산 내에서 실질적인 혜택을 주려 하다 보니 '가짜 해고자'를 가려내기 위해 깐깐하게 심사해야 한다.

회사 입장에서는 해고 기록이 있으면 정부의 여러 가지 지원 정책에서 제외되기 때문에 퇴사자가 원하는 대로 서류를 꾸며주지 않는다. 과거에 다녔던 회사에서 대학생 인턴을 고용했을 때 급여 일부를 정부가 지원했는데, 한 정규직 퇴직자에게 실업급여를 탈 수 있도록 '해고' 사유에 도장을 찍어주자 정부의 인턴 급여 지원이 끊겼다. 더이상 인턴의 급여를 지원받지 못한다고 하소연하던 인사팀 부장의 말이 떠오른다.

회사마다 사정이 다르므로 단언하기는 어렵다. 어떤 경우에는 권고사직을 하면서 "실업급여를 받을 수 있도록 해주겠다"고 달래는 사례도 보았다.

공백 없이 이직한 경우와 공백을 두고 이직한 경우를 비교해보자. 월 300만 원씩 받던 직장인이 퇴사 뒤 3개월 만에 재취업이 됐다고 하자. 3개월의 공백이 없다면, 3개월 동안 총 900만 원의 소득이 있었을 것이다. 그중 450만 원을 소비하고 450만 원을 저축할 수 있다. 그런데 3개월 동안 소득이 없었다면 모아둔 돈에서 450만 원을 썼을 것이다.

단순히 생각하면 모아둔 돈 450만 원을 썼으니 손실은 450만 원이라고 여기기 쉽다. 그러나 직장을 계속 다녔다면 저축을 계속하므로 현재 통장 잔고는 '플러스 450만 원'이 되었을 것인데, 3개월 동안 모아둔 둔에서 생활비를 썼으므로 통장 잔고는 '마이너스 450만 원'이다. 기회비용을 감안한 격차는 900만 원이다. 즉, 직장을 그만두고 재취업까지 공백이 생기면, 공백이 없을 때와 비교해 손실은 두 배가 된다.

취업 협상력에 대해서도 조금 더 살펴보자. 직장을 다니는 상태에서는 이직 조건이 마음에 들지 않으면 거절하면 된다. 현재 다니는 직장의 연봉과 동일하거나 적다면 이직을 받아들일 이유가 없다. 지금껏 쌓아온 좋은 평판과 사내 네트워크를 포기해야 할 뿐더러, 새로운 직장에서 이상한 팀장이나 선배를 만나 적응에 실패할 수도 있다. 그런 리스크를 감수하고서라도 이직을 하려면 연봉이 20~30퍼센트 오르지 않으면 받아들이고 싶지 않을 것이다.

연봉이 두 배가 되는 이직 조건도 있을까? 이직을 염두에 둔 사람 입장에서는 옮겨 가는 직장에 연차와 직급을 고려한 연봉 테이블이 있을 테니 거기에 임금을 맞춰주지 않을까라는 기대를 할 것이다. 요즘은 그렇지 않다. 과거처럼 한 회사에서 정년퇴직까지 일하는 경우라면 동일 연차의 직원 연봉이 동일했을 것이다. 그러나 지금은 연봉 협상을 개별적으로 하는 것이 일반적이다. 동일한 일을 하는 동일한 연차의 직원들이라 해도 연봉이 천차만별일 수 있다.

그 이유는 기업이 외부에서 인력을 다양한 방식으로 데려오기 때문이다. 쉬운 예로, 몇 년 전부터 인기를 끈 '새벽 배송' 비즈니스를 보자. 마켓컬리가 열심히 시장을 개척하며 가입자가 늘고 매출이 늘자 이마트, 롯데쇼핑 같은 기존의 대형 유통 업체들도 그 시장에 뛰어들었다. 대형 유통 기업들도 성장 한계에 부딪히면 '돈 되는' 사업이 뭐가 있을까 호시탐탐 노리기 때문이다.

새로운 사업을 하려면 기존 직원들로는 충분하지 않다. 그 사업을 오래 해본 경력자가 필요하다. 따라서 새로운 사람을 영입해야 한다. 경력자라도 일한 곳이 대기업이냐, 중소기업이냐, 스타트업이냐에 따라 임금 수준이 다르다. 대기업에서 영입하려면 높은 연봉을 제시해야 하는데, 모든 경력직을 그 기준에 맞출 수가 없다. 결국 경력자가 기존 직장에서 받던 처우를 기준으로 해서 협상할 수밖에 없다.

'기존에 받던 연봉을 뻥튀기해서 말하면 안 될까'라는 생각은 금물이다. 입사 서류로 '원천징수 영수증'을 요구하기 때문에 기존 회사에서 받은 급여를 다 알 수 있다. 건강보험 납부증명서 같은 것으로도 급여를 알 수 있다.

그런 의미에서 첫 직장이 중요하다. 취업 준비생의 경우 취업이 오랫동안 안 되다 보면, 눈을 낮춰 금방 갈 수 있는 작은 회사라도 가려고 한다. '여기는 잠시만 있다가 더 큰 데로 옮겨야지'란 복안이다. 그러나 첫 직장의 의미는 남다르다. '그 사람 어디 출신'이라는 꼬리표가 평생 따라다닌다. 처음부터 큰 기업에 공채로 취업한 사람과 평판에서 차이가 난다. 또한 이직 시 연봉 협상도 전 직장에서의 연봉을 기준으로 하므로 갑자기 연봉 점프를 할 수는 없다.

이게 싫다면 이른 나이에 조기 취업한 뒤, 2~3년 내에 다른 회사에 경력직이 아닌 신입 사원으로 입사하는 기회를 모색하는 방법이 있다.

　　　　　　　　　　　　　　　　　　　　　　2030 부의 지도

공채:
첫사랑이 한 번이듯, 공채도 일생에 한 번

지금은 많이 희미해졌지만, 옮기려는 직장에 공채 문화가 강하다면 이직을 한 번 더 재고해야 한다. 이렇게 질문을 던져보자. 대규모 공채가 이뤄지고 공채 기수에 따라 서열이 확실한 조직에 내가 '잡채'로 들어가서 과연 이사, 사장까지 승진할 수 있을까? '잡채'란 경력직 입사자를 뜻하는데, 공채 문화가 지배적인 경우 거기에 끼지 못한 이들이 자조적으로 스스로를 부르는 이름이다.

회사로서는 공채 문화를 강조할수록 이익이다. 이직 제안이 왔을 때, 공채 출신으로서 많은 것을 누리고 있다면 연봉 조금 오른다고 기존의 기득권을 포기하기는 쉽지 않다. 회사 입장에서 일 잘하던 직원이 퇴사하고 난 뒤, 동일한 능력을 갖춘 사람을 새로 뽑으려면 더 많은 비용이 든다. 비슷한 연차의 직원을 채용하려면 다른 곳에서 일 잘하고 있는 사람을 데려와야 한다. 영입 제안을 받은 직원 입장에서도 다니던 회사에서 쌓아둔 평판과 네트워크가 있으므로 연봉이 많이 오르지 않으면 이직을 결심하기 어렵다.

나는 경력직 채용 실무를 맡은 적이 몇 번 있는데, 경력직을 열린 공채로 뽑는다는 것은 불가능에 가깝다. 일 잘하는 사람은 어디에선가 열심히 일을 하고 있고 주위로부터 인정을 받으며 직장 생활에 만족하기 때문에 굳이 채용 공고를 기웃거리지 않는다.

경력직 공채에 지원한 자기소개서들을 보면, 임금 수준이 낮은 이름 없는 업체에서 일하던 사람이나 오랫동안 경력 공백이 있는 사람, 나이가 너무 많은 사람 등이 대부분이었다. 어떻게든 불만족스런 현실을 벗어나고자 발버둥치는 사람들이다. 회사가 채용할 만한 인재는 찾아보기 어렵다.

어쨌든 회사로서는 공채 기수에 무형의 혜택을 많이 부여할수록 인력 유출을 막는 수단이 된다. 지금은 공채 문화가 많이 희석됐다. 과거처럼 회사가 하나의 주력 사업으로 계속 성장하기가 불가능해졌기 때문이다. 성장 정체를 돌파하려면 새로운 사업을 시작해야 하는데, 그러려면 그 업종에서 경력을 쌓은 전문가를 채용해야 한다. 결론적으로 옮겨 가려는 회사의 연봉도 중요하지만, 회사 분위기도 잘 살펴야 한다.

성과급:
거짓말은 아닌데 속은 기분이 드는 까닭

이직을 제안하는 입장에서는 상대에게 최대한 좋은 조건을 제시해야 이직을 성사시킬 수 있을 것이다. 이 과정에서 본의 아니게 거짓말 아닌 거짓말을 하는 경우가 있다. 이를테면, '성과급을 100퍼센트에서 500퍼센트까지 준다'는 얘기다. 그러면 대부분의 사람은 '중간인 300퍼센트는 받을 수 있겠지'라고 생각하겠지만, 실제로는 100퍼센트를 받을 확률이 크다. 왜냐면 100퍼센트를 줘도 거짓말이 아니기 때문이다.

사내 복지나 수당도 막상 입사하면 이것저것 요구 조건이 많아 정작 사용할 수 없는 경우가 많다. '가족 병원비도 지원한다'라고 들었지만, 막상 들어가 보니 지원하는 진료 과목에 제한이 있거나, 병원비 100만 원 이상인 경우만 지원한다는 식으로 한도가 높게 설정된 경우가 많다. 여담이지만 회사가 어려워지면 직원 복지를 많이 줄이는데, 절대 자녀 학자금은 손대지 않는 회사가 많다. 왜냐하면 사장님을 비롯한 높으신 분들에게 필요하기 때문이다.

자녀 학자금의 수혜를 제대로 보려면 자녀가 적어도 고등학생은 되어야 하는데, 2030 세대의 미혼인 직원은 그 수혜를 보기가 쉽지 않다. 그러나 사장, 이사의 자녀는 대학생인 경우가 많기 때문에 한 해 1000만 원 이상의 회삿돈을 복지비로 받아간다. 대학생 자녀가 둘이라면 연 2000만 원 이상도 받아갈 수 있다.

회사가 돈을 잘 벌고 모든 직원에게 복지 혜택이 잘 돌아간다면 자녀 학자금은 크게 문제 되지 않을 것이다. 그러나 회사가 어려울 때 복지비나 상여금, 성과급을 줄이고 직원들에게 허리띠를 졸라맬 것을 요구하면서 정작 윗사람들은 희생하지 않는 모습이 젊은 직원들에게 좋아 보일 리 없다.

같은 짓을 해도 양해를 구하면서 하는 경우와 뒤통수를 치듯 하는 경우에 회사에 대한 감정은 달라진다. 내가 다녔던 전 직장의 일이다. 당시 구내식당 한 끼니의 가격은 5000원이었다. 구내식당에서 점심을 먹으면 전액, 저녁을 먹으면 1000원을 뺀 금액을 회사가 지원했다.

회사가 어려워지자 비용을 줄이기 위해 여기저기서 조금씩 복지 혜택을 줄였다. 그 일환으로 야근 시 구내식당에서 먹던 저녁 식사비 지원을 없앤 일이 있었다. 직원들이 야근도 하지 않으면서 회사 돈으로 저녁식사를 해결하고 퇴근하는 일이 잦았던 탓이다. 회사도 어렵고, 직원들의 도덕적 해이도 발생하니 지원을 없애야겠다고 생각했을 수 있다.

문제는 사전에 그런 내용이 충분히 전달되지 않고, 한참 후 뒤통수치듯 '지금까지 먹은 저녁 식사비를 내라'고 통지한 것이다. 그래서 저녁 식사비를 지원받으려면 어떻게 해야 하나 물으니 '사전에 야근 신청서를 내야 식사를 할 수 있다'고 했다. 그래서 야근 신청서를 냈더니 '밤 11시까지 야근해야 저녁식사를 지원한다'고 했다. 결론은 저녁 식사를 회삿돈으로 먹지 말라는 얘기였다.

그렇게 난리를 치고 나서 내가 내야 냈던 한 달 치 추가 저녁 식사비는 5만 원도 되지 않았다. 매일 야근하는 것이 아니니 열 번도 먹지 않은 것이다. 그리 큰돈은 아니니 부담스럽지는 않았다. 그러나 회사로부터 뒤통수를 맞은 듯한 배신감으로 회사에 대한 애정이 식어버렸다. 이렇게 식사비 몇만 원으로 기분 나쁘게 해놓고선, 높으신 분 한 명이 일 년 동안 대학생 자녀 두 명의 학자금으로 수천만 원을 가져갔다. 회사의 대다수를 차지하는 젊은 직원들 눈에 이런 일들이 곱게 보일까.

결론은 이직 시 듣게 되는 사내 복지 중에서 실효성이 없는 내용도 많으니 주의해서 보라는 것이다. 동종 업계는 비슷한 수준의 연봉과 사내 복지 수준을 유지하기 때문에, 특정 회사가 유난히 좋은 복지를 제공한다고 얘기하면 의심의 눈으로 봐야 한다.

꼰대:
어디에나 있지만, 영원하지도 않다

아무리 좋은 회사에 연봉이 많은 직장이라도 나와 가장 많은 시간을 함께하고 가장 많은 대화를 나누는 동료가 나와 맞지 않다면 직장 생활은 지옥일 것이다. 그 사람이 나의 바로 위 직속 선배가 될 수도 있고, 팀장이 될 수도 있다.

누군가와 안 맞는 가장 큰 이유는 보는 시각이 다르기 때문이다. 나는 이것이 더 시급하고 중요한 것이라 생각하는데, 다른 사람에게는 반대일 수 있다. 일을 잘못해 지적을 받아도 짜증이 날 만한데, 생활 습관까지 지적받으면 사표를 던지고 싶은 심정이 들 것이다.

이를테면 밥 먹을 때 윗사람과의 속도가 맞지 않을 경우, 그때마다 지적을 한다든지 하는 식이다. 밥 먹는 속도는 사람마다 다른데, 마치 군대처럼 일사불란하게 여러 명이 정확한 시간에 식사를 종료하고 일어나는 것을 암묵적으로 바라는 분위기가 있을 수 있다. 특히 남자가 많고 여자가 1~2명인 상황에서 여직원에게 "천천히 먹어"라고 말해놓고선, 밥 다 먹은 남자 직원들이 대화를 멈추고 휴대폰을 보고 아무 말이 없다면 식사를 덜 마친 사람은 마음이 조급해질 수밖에 없다.

사무실에서 짜증 지수를 높이는 일은 사소한 것이 많다. 파티션이 따로 없는 책상인데, 옆자리 선배가 늘어놓은 잡동사니들이 슬금슬금 내 책상으로 넘어오기 시작하다가 어느 순간 내 책상의 3분의 1이 옆 사람 물건으로 채워져 있으면 화가 날 것이다. '말을 해야 하나, 말아야 하나' 수십 번 고민하게 되는데, 그런 고민을 하는 자신이 한심하고 그래서 더 짜증이 난다. 그 외에도 짜증 유발 이유는 많다. 밥 먹은 뒤 수시로 트림을 해서 위 속 음식 냄새가 전달된다든지, 담배 냄새가 반경 5미터 이내에 창궐한다든지, 향수 냄새가 너무 진하다든지 등등.

그런 사소한 짜증들이 쌓이다 보면 어느 시점에서 당장 그만두고 싶은 마음이 머리끝까지 차오른다. 그럴 때 내가 해줄 수 있는 조언은 '참으라'는 것이다. 아무리 짜증이 나는 사람이라도 그 사람과 영원히 한 부서에 붙어 있지 않는다. 대개 회사의 인사이동은 1년에 한 번 또는 짧으면 상반기, 하반기에 한 번씩 하는데, 신입 사원일수록 여러 부서를 경험할 가능성이 높기 때문에 1~2년 내에는 마음에 들지 않는 사람과 떨어질 수 있다. 물론 그 다음 부서에서 만날 동료들이 100퍼센트 마음에 든다는 보장은 없지만. 학교를 졸업하고 취업

전선에 뛰어들고 나면 30년 넘게 일을 해야 한다. 지나고 보면 신입 사원 때의 1~2년은 그리 긴 시간이 아니다.

이런 얘기를 하는 이유는 직장에서 인간관계로 스트레스를 받더라도 무작정 그만두지 말라는 것이다. 월급날을 기다리며 꾹 참아야 하고, 그래도 이직하고 싶다면 주변 지인들에게 '거기 사람 구하지 않느냐'라는 식으로 말을 하며 몰래 이직을 준비하는 것이 좋다.

차테크
참을 수 없는 유혹

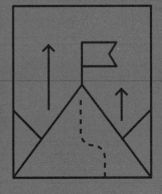

중고차:
쏘나타 살 돈으로 벤츠 산다고?

재테크 가이드에서 자동차 얘기를 하는 이유는, 자동차가 사회 초년생의 재테크에 중대한 장애물이기 때문이다. 자동차에 과도한 지출만 하지 않으면 자동차 생활을 즐기면서 재테크도 잘하는 방법이 있다.

2030 세대와 얘기하다 보면 자동차가 큰 관심사임을 알 수 있다. 자동차를 좋아하는 이유를 들어보면 남녀에 약간의 차이가 있다. 남자는 기계에 대한 관심과 데이트 목적으로 차를 갖고 싶어 하고, 여자는 시간과 장소의 구애를 받지 않고 멋진 장소로 여행을 갈 수 있어 갖고 싶어 하는 듯하다.

큰돈을 들이지 않고 차를 사는 방법은 간단하다. 중고차를 사면 된다. 유튜브에 보면 중고차 관련 콘텐츠가 많다. 자동차는 생각보다 감가율(새 차를 산 뒤 값이 떨어지는 비율)이 크기 때문에 생산된 지 5년만 넘어가도 신차의 반값 아래로 떨어지고, 10년이 지나면 반의 반값, 즉 4분의 1 가격으로 떨어진다. 그런데 10년 된 차임에도 외관이 멋지고 성능도 훌륭한 차가 많다.

지금 '그랜저'를 사려면 4000만 원 정도를 줘야 한다. 그런데 10년 된 양호한 그랜저는 500만~600만 원에 살 수 있다. 심지어 '제네시스'도 10년 된 차는 800만~900만 원에 탈 만한 차를 살 수 있다. 가끔 뉴스에서 공공 임대주택에 제네시스가 주차돼 있다며 입주 자격 논란을 지적하기도 하는데, 젊은 기자들이 중고차 시세를 모르고 하는 소리다. 4000만 원짜리 그랜저 신차는 주차돼 있으면 괜찮고, 1000만 원짜리 제네시스 중고차는 주차돼 있으면 거슬리는가.

수입차는 감가율이 국산차보다 더 크다. 국산차는 정해진 프로모션 외에 가격 할인이 거의 없지만, 수입차는 정가에 팔리는 경우가 거의 없고 대부분 몇백만 원씩 할인해서 사기 때문에 중고차 가격이 국산차보다 상대적으로 저렴한 편이다. 또한 수리비가 국산차에 비해 다소 비싸므로, 보통 3년인 보증 기간이 끝나면 가격이 확 떨어진다.

반면에 수입차는 가격 대비 '가심비'(가격 대비 심리적 만족감을 뜻하는 신조어)가 좋다. 수입차는 연식이 좀 되어도 '오래된 차'라는 인식보다 '수입차'라는 인식이 더 강하기 때문에 10년 된 중고차를 사도 '없어 보이지' 않는다.

무료 급식소에 벤츠를 타고 온 모녀가 비난을 받은 뉴스를 봤는데, 그 벤츠를 보니 2.5세대 전의 모델로 당시 중고 시세는 1000만 원가량이었다. 그러면 1500만 원짜리 모닝 신차를 타고 오면 무료 급식을 받아도 되고, 그보다 싼 벤츠 중고차를 타고 오면 무료 급식을 받으면 안 되는 것일까.

그렇지만 사람들이 중고차 시세에 관심이 없다는 점은 중고 벤츠를 샀을 때 오히려 장점이 될 수 있다. 경차 신차보다 싼 가격으로 벤츠 E 클래스를 사더라도 경차처럼 무시당하지 않고, 오히려 '벤츠 남·벤츠녀'라고 생각하기 때문이다. 이렇게 얘기하는 이유는 '수입차를 사서 뽐내라'는 뜻이 아니라, 굳이 신차를 사는 데 큰돈을 쓰지 말라는 의도다.

중고차가 이렇게 좋은데 왜 사람들이 중고차 사기를 꺼리는 것일까? 바가지를 쓰거나 사기를 당할까 봐 무섭기 때문이다. 뉴스에도 중고차 사러 갔다가 협박과 감금을 당했다는 피해 사례가 종종 나온다.

중고차에 대한 이런 부정적인 인식이 어떻게 보면 중고차가 실질 가치에 비해 가격이 낮게 매겨지는 이유기도 하다. 중고차 시장이 투명하고 신뢰가 간다면 더 많은 사람이 중고차를 사려 할 테고, 그러면 중고차 가격이 지금보다 높게 형성될 것이다. 즉, 중고차 시장의 불확실성이 중고차 가격을 낮게 형성하는 원인이므로, 잘 고르는 능력만 있다면 중고차가 '개꿀'이 될 수 있는 것이다. '개꿀'이라는 단어는 유튜브에서 중고차 콘텐츠로 유명한 '닥신TV'에 자주 나오는 말이다.

어떻게 하면 중고차를 잘 고를 수 있을까? 역시나 관심과 공부가 필요하다. 자동차라는 상품을 공부하는 데 드는 시간과 에너지만큼 돈을 아낄 수 있다. 금전적 여유가 있고 자동차 탐구가 귀찮다면 새

차를 사면 된다.

　새 차를 살 때는 고민할 게 없다. 모든 제품의 품질이 동일하므로, 원하는 제품을 고르기만 하면 된다. 반면에 중고차는 외관 디자인부터 시작해 엔진, 변속기, 서스펜션, 브레이크, 타이어 등 자동차의 기술적 요소들을 잘 알고 있어야 한다.

SK엔카·K카:
초록 창에서 중고차 검색하지 마라

중고차 구매에 대해선 특정 사이트를 말하지 않을 수 없다. 국내 최대 중고차 거래 사이트는 'SK엔카'다. 굳이 이렇게 얘기하는 이유는 절대 '초록 창'에서 '중고차'로 검색해서 찾아가지 말라는 것이다. 우리가 익히 들은 협박이나 감금 등은 그런 곳에서 일어난다. 물론 모든 중고차 판매원이 그런 것은 아니다. 중고차를 살 때는 아는 지식을 총동원해서 불확실성을 제거해가며 스크리닝(걸러내기)을 해야 한다.

또한 인터넷으로 미리 알아보지 않고, 주변의 중고차 매매 단지를 곧장 찾아가지 말아야 한다. 모든 중고차 거래가 SK엔카를 통해 이뤄지다 보니, 전국의 모든 중고차 딜러들은 SK엔카에 매물을 등록한다. 딜러 입장에서 인터넷에 매물을 올리지 않으면 인근 동네에서 찾아오는 고객만을 상대해야 하지만, 인터넷에 올리면 전국에 있는 소비자들을 대상으로 판매할 수 있다. 따라서 모든 딜러는 인터넷에 매물을 올린다.

전국의 모든 매물이 SK엔카에 등록되므로, 소비자는 우선 컴퓨터(또는 스마트폰)를 통해 자신이 원하는 매물을 살펴볼 수 있다. 사진이나 설명이 부실하면 소비자들의 눈길을 사로잡지 못할 것이므로, 지금은 대부분의 매물이 깨끗한 화질의 사진, 성능 점검표, 보험 이력과 함께 올라온다.

보험 이력을 공개하지 않은 매물들도 있는데, 중고차를 처음 구매한다면 그런 매물은 제쳐두면 된다. 딜러 입장에서 좋은 매물은 어떻게든 어필하려 할 테니 보험 이력을 감출 이유가 없다. 성능 점검표도 마찬가지다. 이런 식으로 차들을 하나하나 선별하면서 원하는 매물을 찾아 나가야 한다.

중고차의 가격을 결정하는 3요소는 사고 내역, 연식, 주행 거리다. 그런데 가격에 반영되지 않지만 품질을 좌우하는 중요한 요소가 더 있다. 소유주 변동 내역이다. 신차로 출고된 후 10년 동안 한 명의 주인이 소유한 차라면, 10년 사이 여러 명의 주인을 거친 차보다 상태가 좋을 확률이 높다. 그런데 주인이 한 명인지, 여러 명인지는 감가에 반영되지 않는다. 원하는 후보군을 어느 정도 좁혔다면 소유 내역으로 스크리닝을 한 번 더 하면 좋다.

전 차주가 타이어를 어떤 것으로 바꿔 끼웠는지로도 차의 상태를 가늠해볼 수 있다. 대개 주행거리 2만 킬로미터마다 타이어를 교체하는데, 중고차라면 타이어를 몇 번 교체했을 것이다. 전 차주가 좋은 타이어를 끼웠다면 자동차 관리에 드는 비용을 아끼지 않는 사람이었음을 짐작해볼 수 있다.

유튜브가 세상을 바꿔놓았다고 해도 과언이 아닐 정도로 유튜브에 온갖 정보가 많다. 자동차와 중고차 관련 콘텐츠가 무수히 많기 때문에, 중고차를 사겠다고 마음먹었으면 한 달 정도는 유튜브에서 정보를 충분히 찾아보길 바란다.

이도 저도 귀찮다면, 'K카'에서 구매하는 방법도 있다. SK엔카는 오픈 마켓이라 장터만 제공하고, 파는 사람과 사는 사람은 개별적으로 거래해야 한다. 반면 K카는 회사가 직접 중고차를 매입하고 회사에 소속된 직원이 중고차를 진단하고 판매까지 하므로 허위 매물이나 사기 매물이 거의 없는 편이다. 물론 중고차이므로 하자가 완전히 없다고는 할 수 없다. 신차조차도 품질 불량 제품이 있을 수 있으니 말이다.

품질 보증을 위해 보험사가 직접 진단하고 문제가 생기면 보험으로 정비해주는 중고차 성능 보장 보험도 있고, SK엔카가 제공하는 중고차 보증 프로그램도 있다. 이런 옵션이 제공된다면 품질에 대해 조금은 더 확신을 가질 만하다.

그래도 중고차 거래가 처음이라 안심이 되지 않는다면 K카에서 첫 구매를 하고, 자동차에 대해 어느 정도 지식과 경험이 쌓이면 SK엔카 등에서 중고차를 구매하면 될 것이다. 특정 자동차 판매 사이트에 대해서는 광고와 무관하게 소개한 것들임을 밝힌다.

수입차:
국산차만큼 저렴한 수리비의 정체

차를 사려는 새내기 직장인들에게 하는 얘기가 있다. "아반떼 신차 살 바에는 골프 중고를 사라." 2030이 생애 첫차로 선택할 만한 적당한 차가 아반떼 급이다. 신형 아반떼 신차는 2000만~2500만 원을 줘야 살 수 있다. 그런데 5년 정도 된 상태가 양호한 '폭스바겐 골프'는 1500만 원 정도면 살 수 있다. 신차 가격은 3400만 원이던 차다.

아반떼를 타면 '아반떼 샀구나'라고 여기지만, 5년 지나고 주행거리 7만 킬로미터 안팎인 골프를 몰면 '외제차 몬다'라고 생각한다. 가격은 중고 골프가 훨씬 싼데 말이다. 일반인들은 중고차 시세를 잘 모른다.

하지만 1500만 원도 새내기 직장인들에게는 큰돈이다. 아반떼 신차 살 바에는 그 차를 사라고 한 것이고, 1000만 원 이내로 찾는다면 8~10년 된 전 세대 골프도 있다. 양호한 매물이 700만~900만 원 사이에 포진해 있다. 그 정도 차는 약간 세월의 흔적이 느껴지는데, 그럼에도 '수입차 프리미엄'을 누릴 수 있다.

자동차는 이동 수단일 뿐이므로 그런 허세를 위해 수입차를 산다는 것에 거부감을 가질 수도 있다. 정 그렇다면 10년 넘은 아반떼는 어떤가. 2007년 정도에 출시된 '전전전 세대' 아반떼 중고차라면 300만 원대에도 살 수 있다. 돈을 아끼기 위해 경차 신차를 사는 것보다 훨씬 비용을 아낄 수 있다.

수입차이니 수리비가 비싸진 않을까? 이에 대해서도 오해가 있다. 수입차인 만큼 현대기아차 제품에 비해서는 조금 비싼 편이다. 그렇다고 얼토당토않게 비싸지는 않다. 오히려 한국GM, 르노삼성 제품 수리비보다 쌀 수도 있다. 관건은 수입차 중에서 많이 팔린 제품을 사야 한다는 점이다.

부품은 크게 정품, 호환품, 재생품으로 나뉜다. 정품은 수입차 브랜드가 붙은 것이고, 호환품은 동일한 부품인데 수입차 브랜드 대신 부품사 브랜드가 붙은 것이다. 벤츠가 아닌 보쉬 브랜드가 찍혀 있다.

호환품은 짝퉁이 아니다. 작은 부품 하나를 만들려고 해도 금형을 제조하고 설비를 장만해야 하는데, 짝퉁을 만들려고 억 단위의 금형과 설비를 들인다는 것이 말이 되지 않는다. 호환품은 부품사가 자체적으로 유통한 것일 뿐이다. 벤츠나 BMW, 아우디, 폭스바겐에 납품하는 부품 회사라면 만만한 회사들이 아니다. 보쉬, ZF, 브렘보 같은 부품 회사들은 웬만한 자동차 브랜드보다 유명한 세계적인 회사들이다.

보증 기간이 끝나 정식 서비스센터를 이용하지 않는 수입차들은 대부분 호환품, 재생품으로 수리를 한다. 브랜드 부품이 20만~30만 원이라면 호환품은 10만 원 정도에 가격이 형성돼 있다. 물론 브랜드마다 다르다.

브랜드 정품 부품의 가격이 터무니없이 높게 형성된 이유는 뭘까? 개인적인 생각으로는 수입차 브랜드들이 정식 서비스센터에서 수리할 때 보험사에 되도록 많은 수리비를 청구하기 위해서 부품 값과 공임을 비싸게 매겨놓은 것이 아닐까라고 짐작해본다. 따라서 보증 기간이 지나고 보험 수리가 아닌 자비 수리라면 호환품을 이용해도 무리가 없다.

재생품을 설명하자면, 사이드 미러 거울이 깨졌을 때 정비소에서 거울만 교체하는 것은 불가능하고 사이드 미러 모듈을 통째로 갈아야 한다. 거울은 부품을 만든 공장에서만 수리가 가능하기 때문이다. 이런 경우 공장에서 거울만 갈아서 나온 사이드 미러 모듈 같은 것을 재생품이라고 한다. 구동 계통의 부품이라면 쇳덩어리는 멀쩡한데 고무 부싱만 터졌을 때 고무 부싱만 교체해서 재생 부품으로 판매되는 것이다. 연식이 10년 된 차의 잔존가가 500만 원인데, 100만 원짜리 정품 부품으로 수리할 수가 없다. 이럴 땐 정품의 3분의 1 가격인 재생품 부품을 써서 수리하는 게 합리적이다. 즉, 중고차는 중고 부품으로 수리하는 것이다.

자동차는 생명과 직결된 것이기 때문에 재생품이라도 웬만한 품질을 갖추고 나온다. 무조건 재생품으로 수리하라는 얘기가 아니다. 생명과 직결된 브레이크, 조향 장치 등의 부품은 정품을 쓰는 것이 맞다. 자동차에 대해 지식이 어느 정도 쌓여야 호환품, 재생품으로도 문제가 없을지 판단이 가능해질 것이다.

이렇게 말하고 나니, 중고차를 사서 유지하는 것은 자동차에 대해 많은 관심과 지식을 필요로 함을 알 수 있다. 재테크든 차테크든 시간과 노력을 들이지 않으면 성공할 수 없다.

자동차 할부:
차라리 신용 대출을 이용하라

"중고차도 할부가 돼요?" 결론을 말하자면, 된다. 요즘은 자동차를 현금 주고 사는 사람이 거의 없다. 시중 금리가 낮지만 자동차 할부는 직장인 신용 대출에 비해 금리가 높은 편이다. 자동차 할부를 이용하는 이유는 자동차를 살 때 판매자가 제공하는 할부를 당연히 써야 한다고 막연하게 생각하기 때문이다.

그렇게 하지 않아도 된다. 직장인 대출을 이용해 목돈을 미리 마련해두고, 현장에서 일시불로 현금을 이체해서 차를 사도 된다. 최근에는 앱으로 직장인 대출을 신청하면 실시간으로 계좌에 돈이 입금된다. 중고차를 직접 보러 가서 마음을 정한 뒤 대출을 신청해도 된다.

중고차 매물 안내를 보면 '할부 가능'으로 씌어 있는데, 금리는 대개 '3.0~6.9퍼센트' 정도이다. 이 역시 구매자와 판매자의 인식 차이를 이용한 상술이다. 구매자는 '3.0퍼센트 정도로 할부 가능하겠네'라고 자신에게 좋은 방향으로 생각하지만, 막상 가보면 '고객님에게 적용되는 이율은 6.9퍼센트입니다'라고 얘기하는 것이 보통이다. 범위로 제시하는 경우는 항상 제공자가 가장 유리한 쪽으로 결론이 난다고 예상해야 한다.

이렇게 얘기하는 것은 내가 실제로 실시간으로 신용 대출을 신청해 자동차를 샀기 때문이다. SK엔카에서 매물을 확인하고 딜러에게 연락해 차를 보러 간 자리에서 바로 계약서를 썼다. 빠르게 마음의 결정을 해야 하는 이유는, 괜찮은 매물은 누구나 탐내기 때문에 차를 본 즉시 계약해야 하기 때문이다. 하루 이틀 기다려서 결정을 내려야 할 정도의 매물이라면 계속 팔리지 않고 있는 물건이므로 누구나 탐낼 만한 물건이 아닌 셈이다.

신차를 산다면 동일한 품질의 차가 동일한 가격으로 계속 나오므로 차를 본 뒤에도 고민의 시간을 오래 가질 수 있지만, 중고차는 좋은 물건을 '겟get' 하려면 결정이 빨라야 한다. 따라서 물건을 본 뒤 고민을 시작하면 안 되고, 충분히 고민한 뒤 현장에서 즉시 판단을 내려야 한다. 그러므로 평소에 차에 대해 리서치를 많이 해두어야 한다.

물론 팔리지 않고 있는 물건 중에도 좋은 물건이 많다. 신차로 많이 팔린 차는 중고로도 매물이 많기 때문에 아직 팔리지 않는 물건 중에서도 우량한 매물이 많다.

기초부터 탄탄히, 투자의 근육을 키우자

프로 재테커

광풍이 한 번 지나갔다. 끝도 없이 오를 것만 같았던 주가는 잔걸음을 치고 있고, 가상화폐는 언제 그랬냐는 듯 관심이 식었다. 초고를 거의 다 썼을 무렵, 재테크의 기본 지식에 관심을 두는 사람보다 신기루를 붙잡으려 드는 사람이 많았다.

내가 절필을 결심한 이유는 구독하는 신문 주말 면에 나온 한 유튜버에 대한 내용이었다. 최신 경제 이슈를 알기 쉽게 전해주는 유튜버로, 구독자는 현재 175만을 넘고 있다. 호기심이 생겨 찾아보았는데 그때 본 내용이 '틴더' 등 데이팅 앱 회사가 조 단위(원화 기준) 가격에 팔렸다는 것으로, 비싼 가격에 팔린 데이팅 앱 회사들을 소개했다.

'사람들이 이런 걸 원하는구나'라는 생각을 했고, 내가 얘기하고 싶은 내용들이 왠지 구닥다리처럼 느껴졌다. '나의 한계는 여기까지인가'라는 생각에 부끄럽기도 했고, 자신감도 떨어졌다. 그래서 조용히 원고를 접었다.

　하지만 20년 가까이 경제 현상을 지켜본 결과는 늘 비슷했다. 신기루는 한순간이라는 것이다. 사람들이 관심을 가지는 '쇼크'나 '서프라이즈'는 평상시에 잘 발생하지 않고, 급작스럽게 나타나므로 쇼크 또는 서프라이즈로 불리는 것이다. 그런 사건이 벌어지지 않는 1년의 대부분은 평이한 일상을 산다. 평이한 일상을 무엇으로 채워야 할까. 역시나 기본적인 것을 할 수밖에 없다. 고수는 남들이 관심을 가지지 않을 때 하나하나 차곡차곡 쌓아두고, 큰 장이 섰을 때 시장에 내다 파는 사람이다. 하수는 큰 장이 서고 사람이 몰려들면 그때 관심을 가지고, 장이 끝나면 관심도 식는다. 결국 일상을 잘 채우는 사람이 승자다.

　여름이 시작될 무렵, 거북목으로 만성 두통에 시달리는 조카가 웨이트 트레이닝을 시작하기로 했다. 요즘 보디 프로필 찍는 게 유행이기도 하고, 많은 젊은이가 근육 운동에 관심을 갖고 있다. 비싼 PT(퍼스널 트레이닝) 비용을 지불하는 대신 삼촌인 내가 운동 방법을 알려주기로 했고, 조카는 인천에서 신촌으로 먼 거리를 오가며 운동을 했다.

　가르치는 입장이 되다 보니, 대충 알던 운동 방법을 알려줄 수가 없었다. 유튜브를 통해 운동 노하우를 탐구하다 보니 내가 지금까지 운동을 잘못하고 있었다는 사실을 깨달았고, 점점 깊이 파고들었으며, 지금은 새로운 운동 세계를 경험하고 있다. 주 2회 헬스클럽에 출석해 '이 정도면 운동 많이 하는 거다'라고 생각했는데, 그런 방식으로는 근육 성장을 기대할 수 없었다. 가르쳐주려고 하다 보니 내가 더 깊이 빠져들었다. 지금은 매일 운동을 하는 것뿐만 아니라, 다이어트까지 실천하려 노력 중이다. 이러다 보디빌딩 대회까지 나가는 것 아닌가라는 생각도 막연하게 하는데, 최소한 보디 프로필이라도 찍어야 하지 않을까라는 생각이다.

유튜브에는 수많은 운동 방법이 있는데, 조회 수를 목적으로 하는 콘텐츠들은 '이것만 하면 근육이 성장한다'는 내용으로 클릭을 유도하는 썸네일이 많다. 물론 보디빌딩은 신체의 약점을 채워 나가는 운동이므로 자극적인 콘텐츠들이 틀린 내용은 아니다. 그러나 초보자는 자신의 근육 성장이 더디다면, '운동을 매일 했는가, 운동하는 중에 휴대폰 보면서 쉬는 타임이 많지 않았는가, 운동 강도를 낮게 설정하지 않았는가'를 점검해야 한다.

'어깨의 선을 예쁘게 만드는 운동'을 하기 전에 '어깨 근육의 양을 채우는 운동'을 먼저 해야 한다. 기초적인 것을 하나하나 성실히 수행하다 보면 몇 달이 지나 근육이 생긴 자신의 모습을 발견하는 것이지, 금방 몸짱이 되지 않는다고 조급해하며 상급자의 스킬 하나만을 따라하는 것은 효율적이지 않다.

재테크도 그런 관점에서 봐야 할 듯하다. 유튜버들이 조회 수를 늘리기 위해 신박한 스킬을 알려주는 것처럼 포장하고 그것이 눈길을 끌지만, 성공하는 사람은 기본적인 것을 평소에 묵묵히 실행하는 사람이다. 상급자의 스킬이라고 해서 틀린 것은 아니지만, 그게 지금 나에게 필요한 것인가는 곰곰이 생각해봐야 할 것이다. 금방 부자가 되지 않아 조급해하기보다, 일상에 최선을 다하다 보면 몇 달 뒤, 몇 년 뒤 달라진 자신을 발견할 수 있을 것이다.

2030 부의 지도

ⓒ 우종국, 2022

초판 1쇄 2022년 4월 27일 찍음
초판 1쇄 2022년 5월 10일 펴냄

지은이 | 우종국
펴낸이 | 이태준

기획·편집 | 박상문, 김슬기
디자인 | 최진영
관리 | 최수향
인쇄·제본 | 제일프린테크

펴낸곳 | 북카라반
출판등록 | 제17-332호 2002년 10월 18일

주소 | (04037) 서울시 마포구 양화로7길 6-16 서교제일빌딩 3층
전화 | 02-486-0385
팩스 | 02-474-1413

ISBN 979-11-6005-103-2 03320
값 16,000원